1分钟图解科学

身边的生物学和化学

[韩]金亨真 [韩]尹庸硕
[韩]崔熙贞/著
[韩]金锡 [韩]宋祐汐/绘
王筱宣 李敏姝/译

江苏凤凰科学技术出版社·南京

江苏省版权局著作权合同登记图字：10-2022-5号

图书在版编目（CIP）数据

1分钟图解科学 / (韩) 金亨真，（韩）尹庸硕，（韩）崔熙贞著；（韩）金锡，（韩）宋祐汐绘；王筱宣，李敏姝译. — 南京：江苏凤凰科学技术出版社，2022.9

ISBN 978-7-5713-3037-8

Ⅰ. ①1… Ⅱ. ①金… ②尹… ③崔… ④金… ⑤宋… ⑥王… ⑦李… Ⅲ. ①科学知识—青少年读物 Ⅳ. ①Z228.2

中国版本图书馆CIP数据核字（2022）第114392号

1分钟图解科学

著　　者　[韩]金亨真　[韩]尹庸硕　[韩]崔熙贞
绘　　者　[韩]金锡　[韩]宋祐汐
译　　者　王筱宣　李敏姝
责任编辑　洪　勇
责任校对　仲　敏
责任监制　方　晨

出版发行　江苏凤凰科学技术出版社
出版社地址　南京市湖南路1号A楼，邮编：210009
出版社网址　http://www.pspress.cn
印　　刷　天津丰富彩艺印刷有限公司

开　　本　718 mm × 1 000 mm　1/16
印　　张　26
字　　数　650 000
版　　次　2022年9月第1版
印　　次　2022年9月第1次印刷

标准书号　ISBN 978-7-5713-3037-8
定　　价　108.00元（全3册）

前 言

随时随地 1 分钟 四大学科轻松学

本书版权授权自韩国魏茨曼（Weizmann）英才教育。英才教育提倡培养学生的专业科目和特长，使专业能力上升，以提高竞争力。通过活泼、多元的学习方式，让学生在生活中学习，增加对专业科目的兴趣。韩国中小学生中，有 1%~2% 的孩子接受英才教育。

我国小学阶段的科学课实际涵盖了物理、化学、生物学、地理等学科知识，初中阶段正式增设了这 4 门学科。学生如何充分利用小学和初中的黄金时间，利用日常学习及生活的“边角料”时间，高效理解新知识，并点亮探求科学的火种，就显得尤为重要。本书编辑团队为此进行精心设计：

一、四大学科提前学，每天 1 分钟，图解科学趣味读

1. 整理归纳整个初中阶段和部分高中阶段学生需要了解的**四大学科**（物理、化学、生物学、地理）、**23 个主题**、约 **500 个科学概念**。

2. 每个科学概念的标题都以提问或引导启发的形式呈现，并且用一句话准确概括该主题的核心意思，从而激发孩子阅读和探索的意愿。

3. 用**漫画的形式将抽象的知识形象化和趣味化**，根据需要辅以实验器具、动植物和自然现象的真实照片。

4. 增加“**常见误区**”和“**知识拓展**”环节，帮助学生纠正错误认知并延展相关知识。

二、各种难题快速查，1 分钟高效理解新知识

1. 整理提炼每个科学概念的核心点，制作索引部分，便于学生根据关键词快速查找知识。

2. 科学知识的讲解尽量从日常现象入手，由浅入深，即使是刚接触科学的学生也能轻松理解。

3. 科学知识之间尽量做到有关联、有衔接。如果遇到不懂的知识点，可以前后翻查，便于更好地理解和掌握。

三、随时 1 分钟，系统掌握小初知识

本书对知识点加以总结和延展，从而启发学生的思路，让学生举一反三，提升科学思维能力，解决生活和学习中的问题。

使用说明

1

抓住每个零碎的 1 分钟，积少成多，更能锻炼专注力

主题

涉及约 500 个初高中学生需要了解的科学概念，以提问的形式呈现。

核心概括

用一句话准确概括该科学概念的意思，短小精悍。

正文

语言简单明了、思路清晰。辅以学生较为熟悉的例子，加深理解。

要多吃富含蛋白质的食物哦

蛋白质是身体的组成物质，由氨基酸组成。

蛋白质、糖类和脂肪合称三大营养物质，是组成细胞的主要有机物，为生命活动提供能量。蛋白质是建造和修复身体的重要原料，我们身体的生长发育，以及受损细胞的修复更新，都离不了蛋白质。

蛋白质由氨基酸组成，人体需要20种氨基酸，有一部分可以由人体合成，其他只能通过食物摄取。

单性花和两性花

单性花是一朵花中只有雄蕊或雌蕊，双性花是一朵花中既有雄蕊又有雌蕊。

由于单性花中只有雌蕊或雄蕊，因此属于不完全花。有雌蕊的花叫雌花，有雄蕊的花叫雄花。

松树、黄瓜、南瓜、玉米等植物的雌花和雄花开在同一植株上，叫作雌雄同株；银杏、苏铁、菠菜、柳树等植物的雌花和雄花开在不同的植株上，叫作雌雄异株。

两性花与单性花相对应，开花植物中大部分为两性花植物。

常见误区

指出学生常见的错误认知，并额外解释说明。

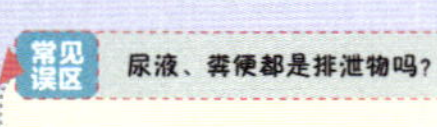

尿液与汗液的成分相似，都是排泄物，只是生成的场所不同。而粪便是没能被消化的食物残渣，并不是严格意义上的排泄物。也就是说排尿是排泄，而排便是排遗。

68

知识拓展

扩充和该科学主题相关的内容，帮助学生更好地理解知识。

衍后代。

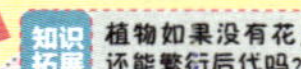

开花的植物能产生种子，用于繁殖。

不会开花的蕨菜、苔藓等植物会用孢子繁殖；有些植物利用根、茎、叶来繁衍后代，例如草莓在匍匐茎上生根繁殖、竹子的地下茎向旁边伸展繁殖。

竹子的地下茎

草莓的匍匐茎

一年生植物

生长周期为一年的植物。

一年生植物都是草本植物，大部分在春天发芽开花，花凋谢后结出果实，然后枯萎。因为一年生植物的生命只有一年，所以会留下很多种

通过图解和漫画的形式讲解知识，用 1 分钟的时间实现沉浸式快速阅读

图片和照片

添加直观的插图，既能激发学生的学习兴趣和好奇心，又能帮助学生快速理解。

3 动物

什么是动物

从其他生物中获取营养物质的自主运动生物。

动物与植物的区别在于是否拥有系统化的器官。动物有腿或翅膀，可以自由活动，但无法制造营养物质，只能靠捕食其他生物生存。地球上的动物超过100万种，可分为无脊椎动物和脊椎动物两大类。

无脊椎动物的部分种类和特征

35

蔬菜里含有丰富的维生素

维生素虽然不是构成细胞的主要原料，也不能提供能量，但却是维持生命活动必需的营养成分。

76

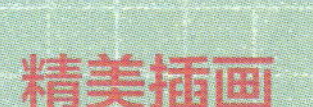

精美插画

引入插画，帮助读者快速掌握难以理解的专业科学知识。

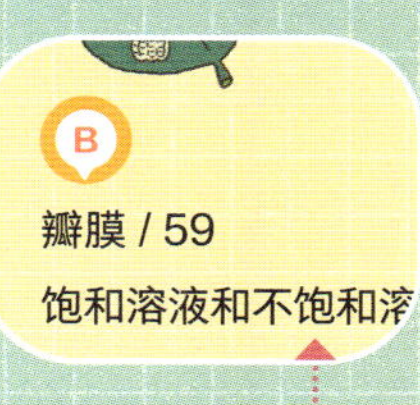

索引

帮助学生快速查找知识点，充分利用零散时间。

目录

1 细胞

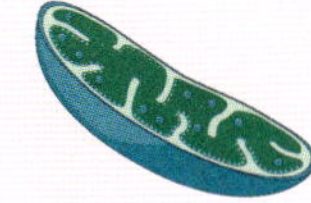

2 植物和菌

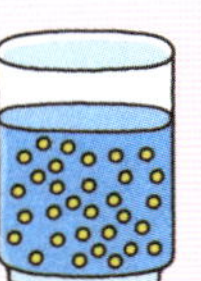

3 动物

4
人体

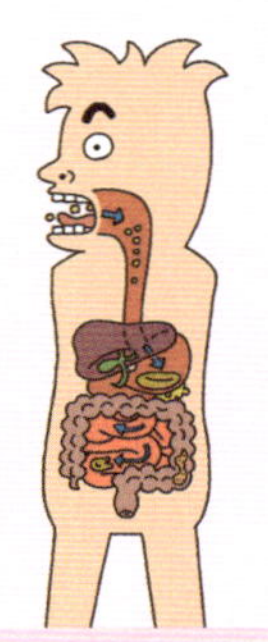

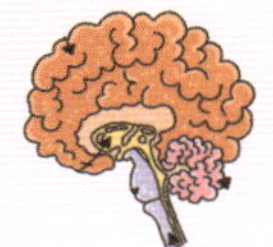

5 生殖和进化

6 微生物

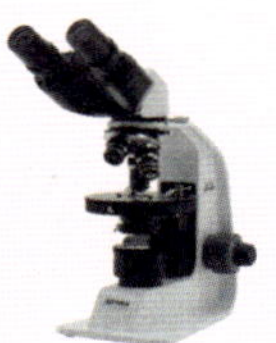

7 气体

8 物质的构成

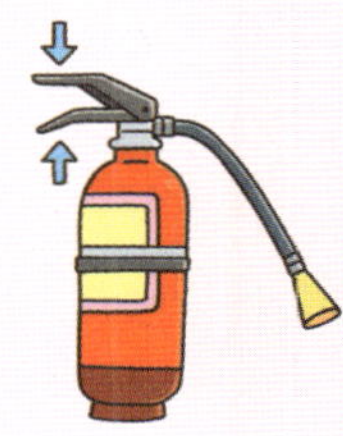

9 金属

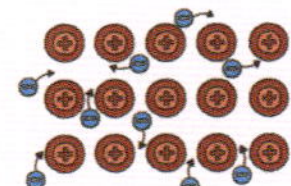

10 溶液

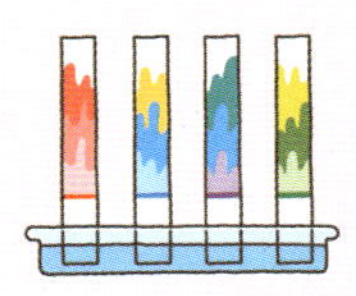

11 变化

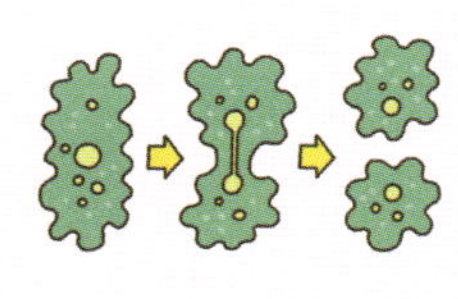

1 细胞

什么是生物

自然界中所有具有生长、发育、繁殖等能力的物体。

生物具有需要从外界获得营养物质，能进行呼吸，能排出体内产生的废物，能成长和繁殖等特征。

除病毒以外的所有生物都是由细胞组成的。现在已经被人发现、命名和记录的生物超过200万种。

美国的R.H.魏泰克提出了五界分类法，所有已知的细胞生物都被划入其中。这五界分别是动物界、植物界、真菌界、原生生物界、原核生物界。

动物

植物

真菌

线粒体是什么

线粒体是真核细胞制造所需能量的细胞器。

线粒体能利用体内的营养物质和氧气制造能量。呈粒状、短杆状或线状，有两层膜，内部有褶皱，像折叠起来的纸。一个人的肝脏细胞中通常有1000~2000个线粒体。

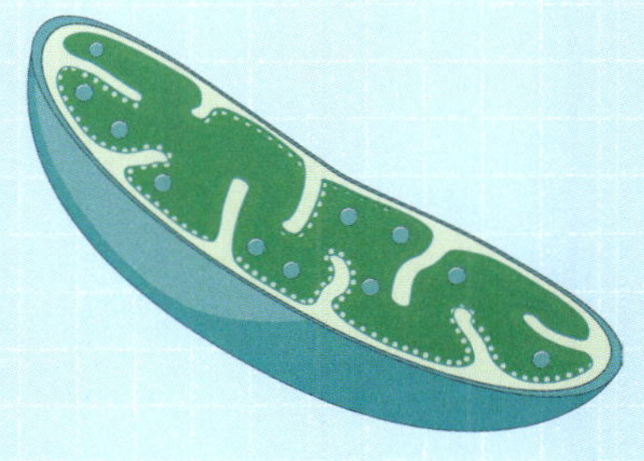
线粒体

鸵鸟蛋的蛋黄是最大的细胞

细胞是构成生物体的基本单位。

大部分生物是由很多细胞组成的，所以被称为多细胞生物。变形虫、草履虫等生物是由单个细胞组成的，所以叫作单细胞生物。

生物体内的细胞形状和大小不尽相同。如人类的皮肤细胞和肌肉细胞的形状、大小都不同。细胞这个单词最初来源于拉丁语的“cella”，意为小房间。英国科学家罗伯特·虎克（1635—1703）用自制的显微镜观察软木塞切片时，发现细胞就像一个个小房间，因此取了这个名字。细胞的大小差异非常大，一些小的细胞与细菌差不多大小，用肉眼无法直接看到。鸵鸟蛋的蛋黄是最大的细胞。

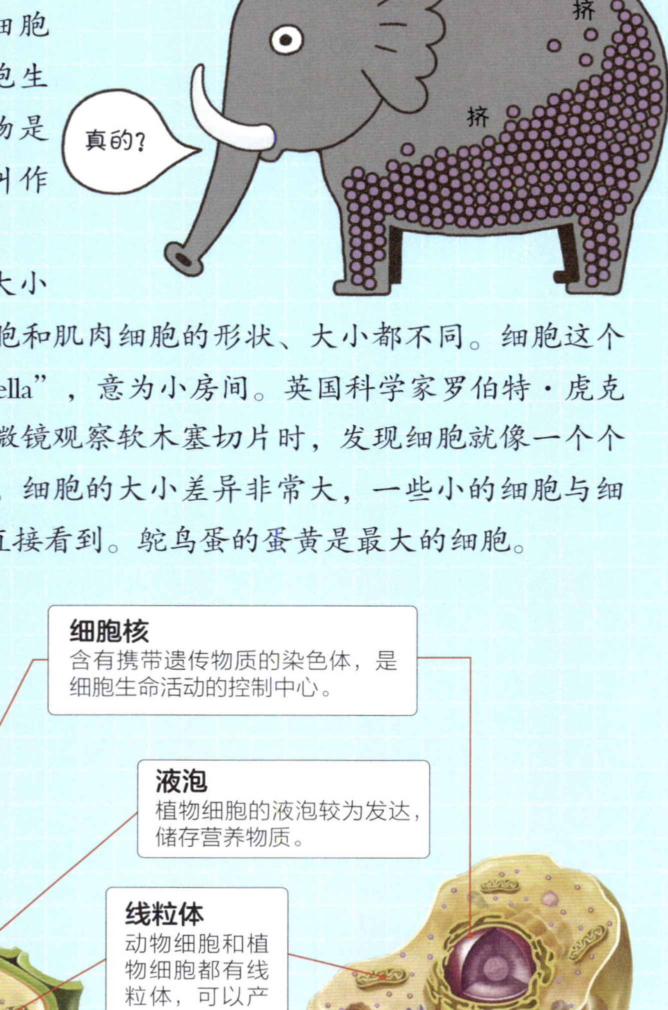

细胞核
含有携带遗传物质的染色体，是细胞生命活动的控制中心。

叶绿体
存在于植物细胞中，可以利用阳光进行光合作用。

液泡
植物细胞的液泡较为发达，储存营养物质。

线粒体
动物细胞和植物细胞都有线粒体，可以产生能量。

细胞壁
存在于植物细胞中，可以保护细胞，并维持细胞形态。

细胞膜
包裹细胞的薄膜，可以控制物质的进出。

植物细胞

动物细胞

显微镜下的表皮细胞

表皮细胞是覆盖在动物和植物表面的细胞。

通常，植物的表皮细胞不含叶绿体，但蕨类和水生植物的表皮细胞中是含有叶绿体的。叶绿体主要负责保护叶片的内部组织并阻止水分蒸发。对洋葱的外皮进行取样，用显微镜观察，可以发现多边形的表皮细胞。

动物的表皮细胞负责保护体内的组织。用棉签在口腔内壁擦拭取样，然后用显微镜观察，可以发现扁平的表皮（上皮）细胞。

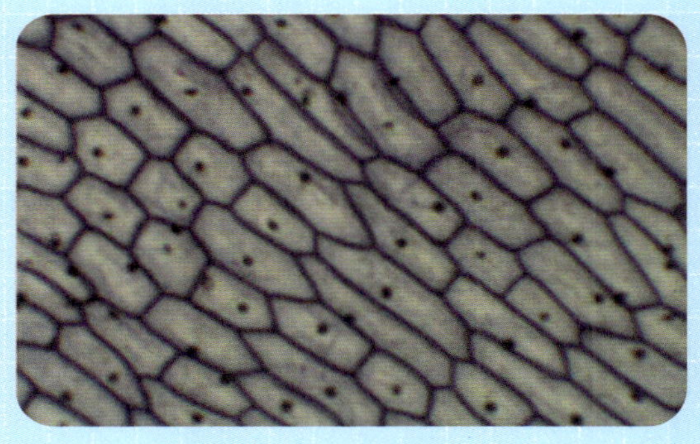

洋葱的表皮细胞

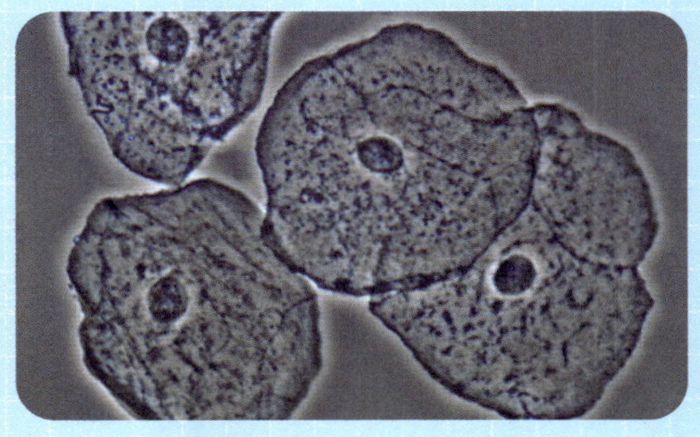

口腔内壁的表皮（上皮）细胞

什么是上皮细胞

上皮细胞是覆盖动物体表和体内管腔的内表面的细胞。

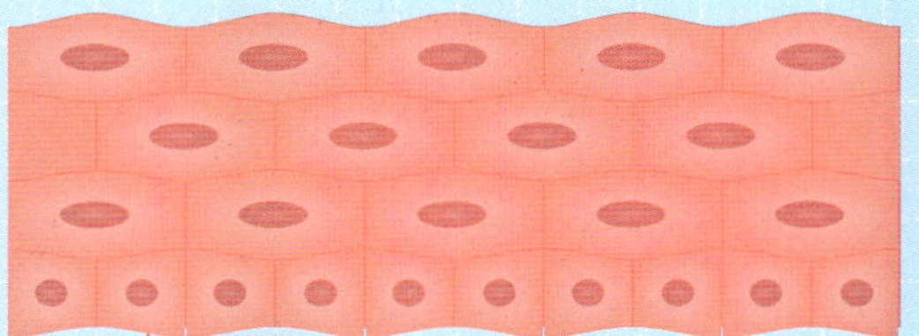

皮肤、毛发等都有上皮细胞。上皮细胞包括鼻子的嗅觉细胞、舌头上的味觉细胞、眼球的视网膜、皮肤，以及其他分泌人体生命活动所需液体的细胞。除此之外，消化器官内侧的上皮细胞还可以吸收营养成分。

什么是组织

多细胞生物体组成部分中界于细胞和器官之间的细胞架构，由许多形态、功能相似的细胞和细胞间质组成。

大多数生物是由多细胞组成的。多细胞生物的每个部分都是由形态、功能相似的细胞群组成的，这样就可以共同完成某种特定的功能。这样形态、功能相似的一群细胞和细胞间质组合起来，就叫作组织。

含有大量叶绿体的细胞组成了栅栏组织，这种组织（组织系统）一起组成了叶子（器官）。

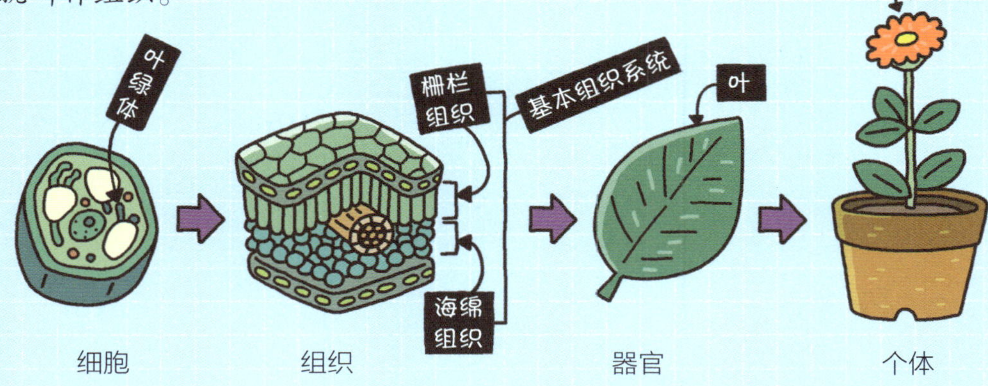

组织和组织系统

2 植物和菌

来看看植物的结构

大多数植物是能够自己制造营养物质的生物。

扎进土壤的根可以支撑植株，也可以吸收水分和营养物质，这些水分和营养物质通过茎进行运输。叶子里的叶绿体可以进行光合作用，制造营养物质。虽然植物无法自由活动，但在生存期间可以一直生长。大多数植物通过种子进行繁殖，由根、茎、叶、花、果实、种子六大器官组成。

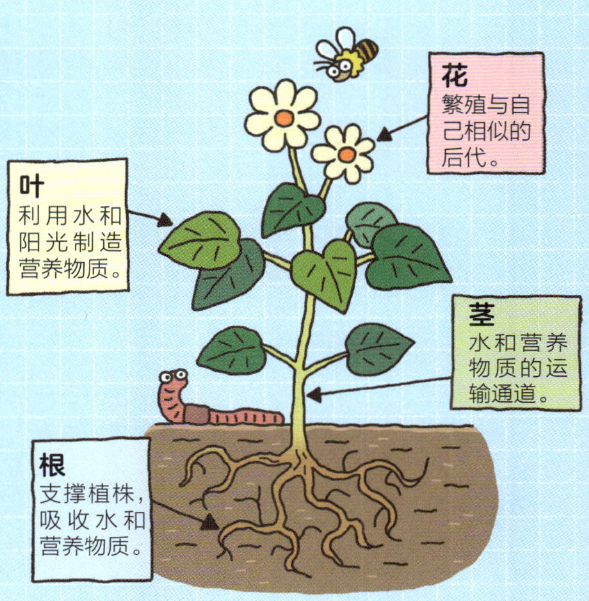

种子植物的结构和各结构的功能

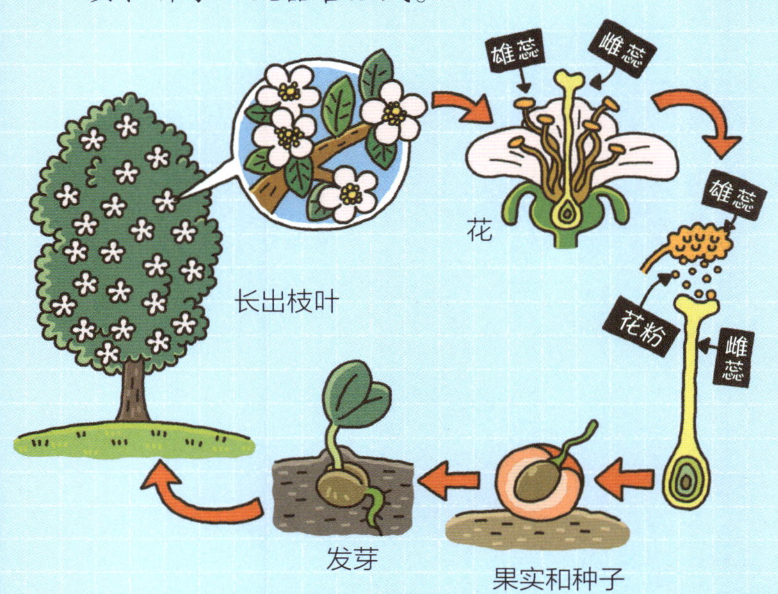

种子植物的一生

知识拓展 种子植物的一生

种子植物的一生就是不断循环反复种子发芽、长出枝叶、开花结果、果实里的种子落入土壤、种子再发芽这些步骤的过程。植物从种子开始，到结出新的种子，循环往复，代代繁衍。

你见过水绵吗

水绵是深绿色丝状水生藻类植物。

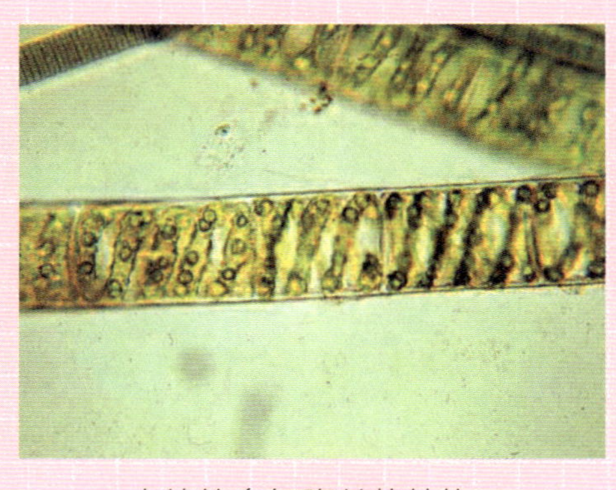
水绵的多细胞丝状结构

用手触摸有细长黏滑的感觉，可用手指或木棍采集。水绵可以长到1 m以上，缠绕成团。其细胞里有细长的螺旋状叶绿体，无性生殖，切断后可以各自生长为新个体。

如果稻田里的水绵过多，会妨害水稻的生长。如果莲藕塘或鱼塘里的水绵过多，会影响鱼类的游动和进食。使用漂白剂等药剂防治水绵，可能会对水稻或鱼类有害，所以常用人工打捞的方式治理水绵。

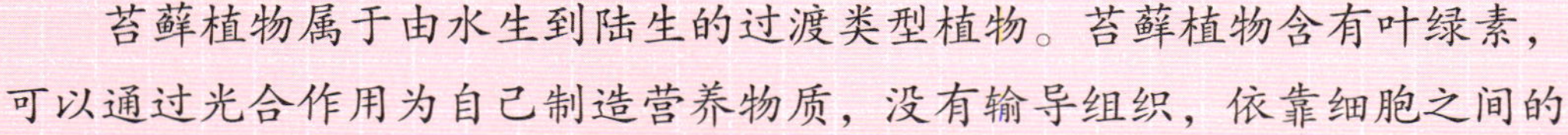

苔藓通过什么来繁殖

苔藓植物是最早适应陆地生活的植物。

苔藓植物属于由水生到陆生的过渡类型植物。苔藓植物含有叶绿素，可以通过光合作用为自己制造营养物质，没有输导组织，依靠细胞之间的传递来运输水分和营养，所以植株比较矮小。苔藓植物通过孢子繁殖，而不是通过种子繁殖。

苔藓植物

试着找找身边的苔藓植物

苔藓植物通常具有类似茎和叶的分化，根则非常简单，称为假根。

苔藓植物小而柔软，多在潮湿阴暗的地方成群生长，利用孢子繁殖。常见的有地钱和金发藓等。地钱外形似雨伞，金发藓外形似瓶刷。

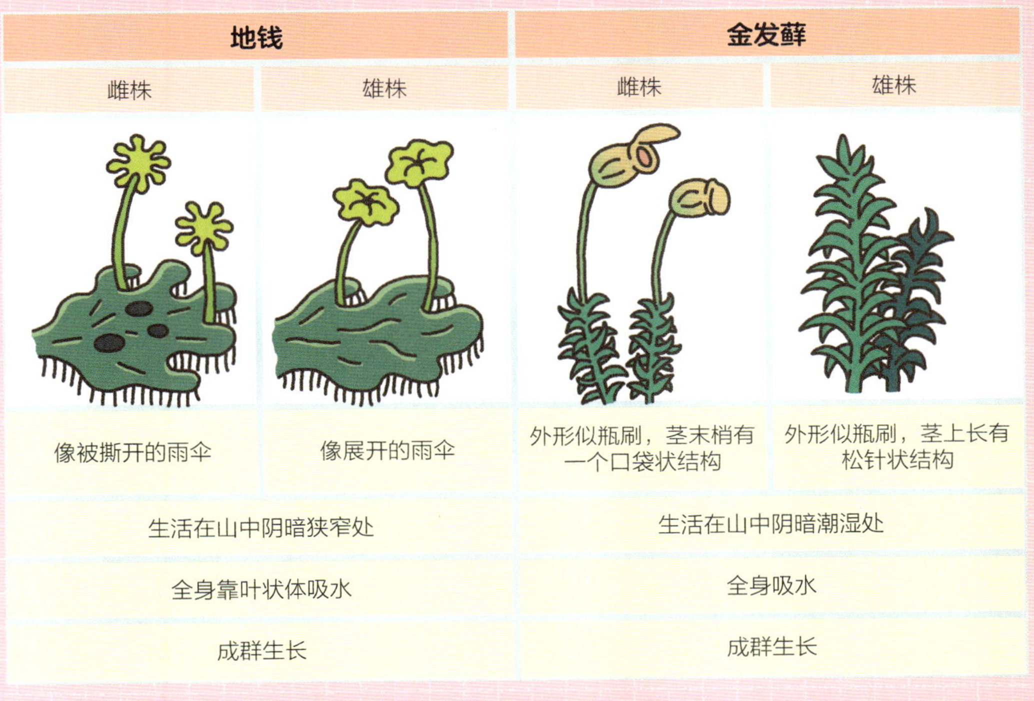

地钱		金发藓	
雌株	雄株	雌株	雄株
像被撕开的雨伞	像展开的雨伞	外形似瓶刷，茎末梢有一个口袋状结构	外形似瓶刷，茎上长有松针状结构
生活在山中阴暗狭窄处		生活在山中阴暗潮湿处	
全身靠叶状体吸水		全身吸水	
成群生长		成群生长	

什么是蕨类植物

不开花，借助孢子繁殖的植物。

蕨类植物的根、茎、叶明显分化，虽有导管和筛管，但大部分没有形成层。蕨类植物中种类最多的是真蕨纲，其他还有松叶蕨纲、石松纲、木贼纲等。

来看看植物的分类

种子植物是用种子进行繁殖的植物。

种子植物可以分成裸子植物和被子植物。裸子植物没有子房，胚珠裸露在外；被子植物的胚珠则包裹在子房里。

种子植物是植物界中最高等的植物，大多数植物是种子植物。

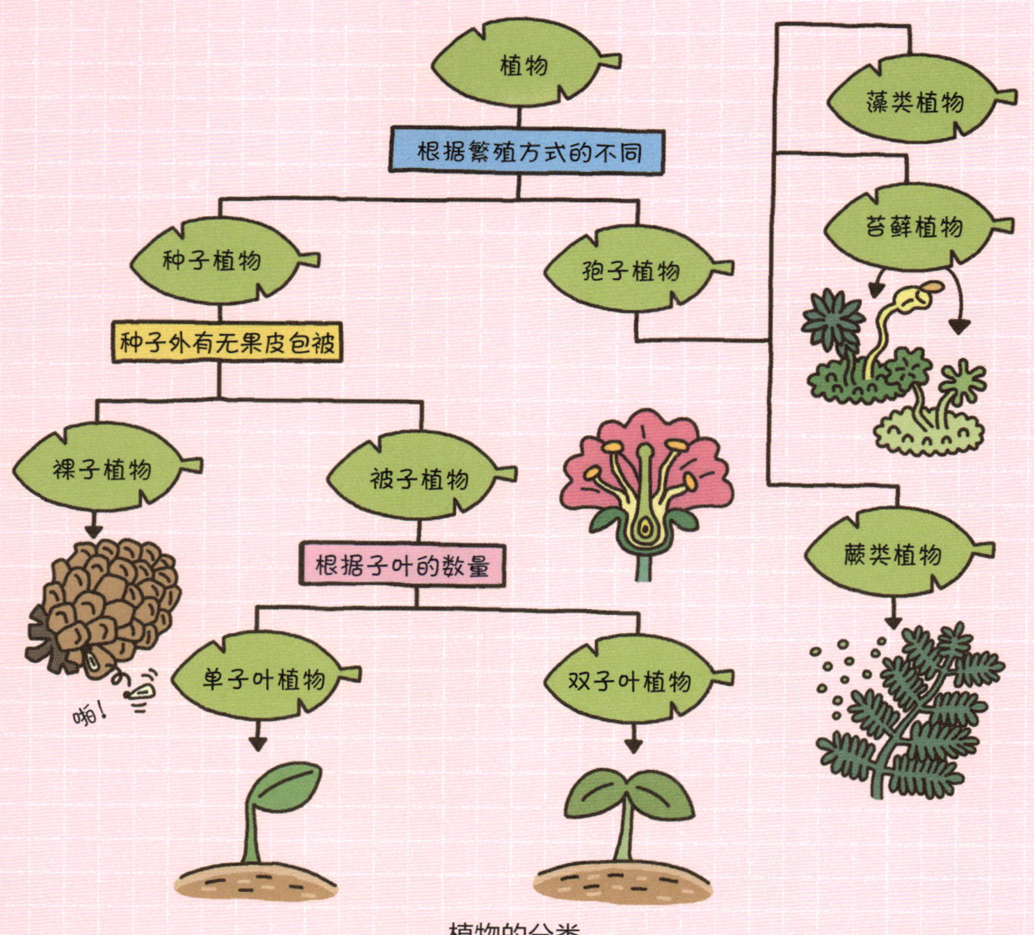

植物的分类

什么是裸子植物

裸子植物是胚珠裸露，未被包藏于子房内的植物。

裸子植物的花是单性花，一朵花中只有雌蕊或只有雄蕊，没有花萼和花瓣，通常借助风的力量传粉，从而完成受精。

裸子植物的根、茎、叶都很发达，里面有输导组织，所以能够长得比较高大。代表性的裸子植物有柏树、冷杉树、松树、银杏树等。

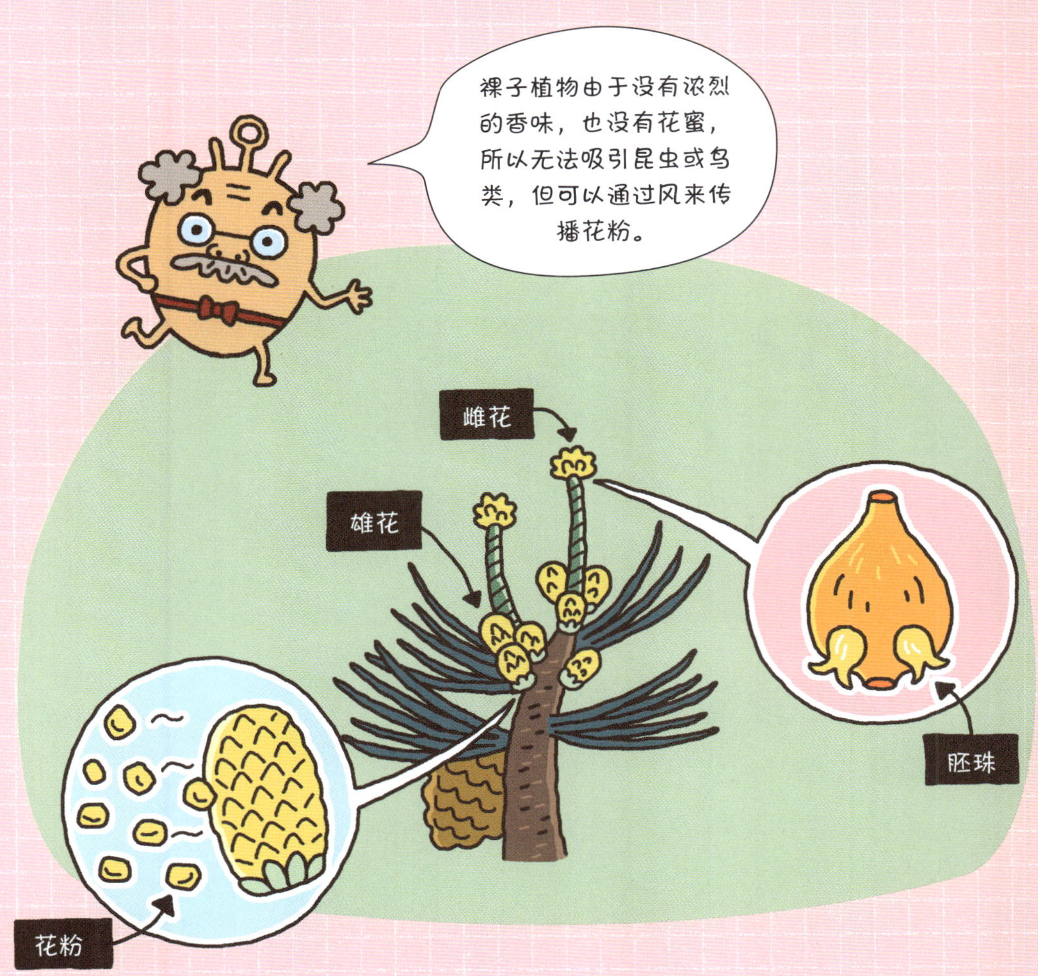

找找身边的针叶树

针叶树是指树叶细长如针的树。

针叶树属于裸子植物，通常树叶像针一样细长而尖，球果呈圆锥状。一些针叶树还能分泌叫作松脂的黏稠液体。针叶树耐干燥、耐寒冷，所以在北半球纬度较高的地方广泛分布。

大多数的针叶树是常绿的，这是因为针叶含有丰富的树脂，能忍耐寒风；极少数的针叶树，如落叶松和红杉，由于叶子柔软，每年都会脱落。代表性的针叶树有松树、柏树、冷杉等。

冷杉

松树

柏树

代表性的针叶树

阔叶树

来找找身边的阔叶树

阔叶树是指叶片扁平宽大的树。

阔叶树具有结实的树干，且树干有优美的花纹，多用于制造家具或室内装饰物。阔叶树属于被子植物中的双子叶植物，代表性的阔叶树有榉树、枫树、梧桐树、橡树等。

树木可分为阔叶树和针叶树两大类群。

什么是被子植物

被子植物是指胚珠包被于子房内的开花植物。

被子植物是植物中最高等的一类，大部分的植物是被子植物。被子植物也就是我们常说的绿色开花植物。其大多数花是两性花，花里同时具有雌蕊和雄蕊，且有花瓣和花萼。

被子植物可以分为单子叶植物和双子叶植物两类。木槿花、向日葵、凤仙花、玫瑰、桃、玉米等都是被子植物。

桃树

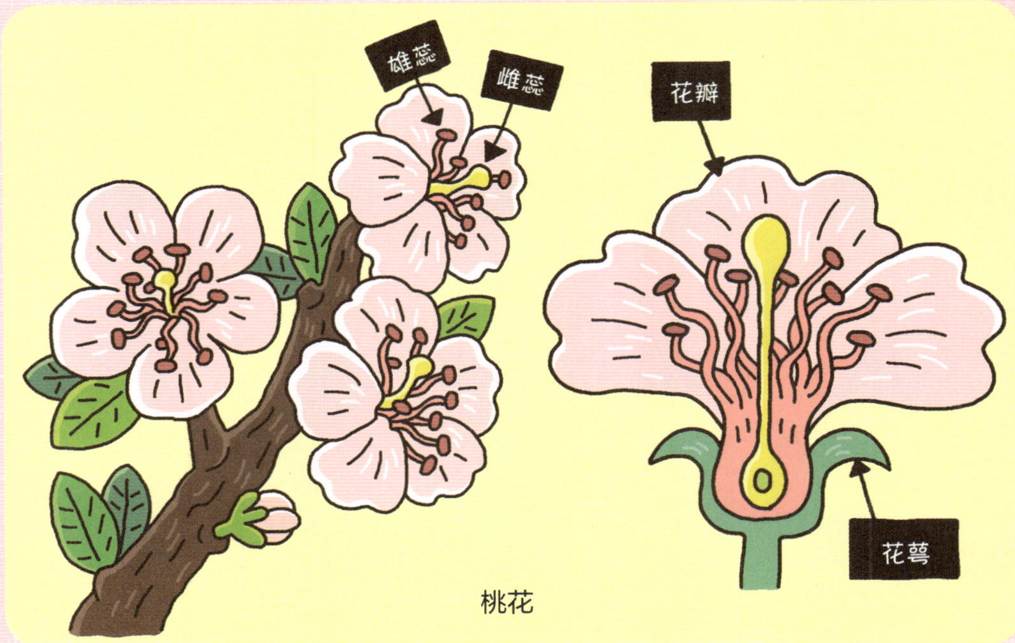

桃花

单子叶植物是只有一片叶子吗

确切地说是只有一个子叶的被子植物。

单子叶植物的叶片细长，叶脉呈平行脉；根为须根，不分主根和侧根；维管束中导管和筛管不规则排列，没有形成层，因此枝干并不粗壮。

玉米、水稻等植物发芽时，子叶只为胚芽提供营养物质，不会长出地面，长出地面的是单片的胚芽鞘，胚芽鞘中长出的是真叶。

水稻、大麦、小麦、玉米、狗尾巴草、椰子、香蕉、竹子、百合、葱、洋葱、大蒜、生姜、结缕草都是单子叶植物。

竹子、水稻、荞麦等单子叶植物上可以看到平行的叶脉。

知识拓展　网状叶脉

叶片上有一条或者数条主脉，分支出很多交错的细脉，形成网状。双子叶植物的叶脉多为网状叶脉。

玉米

平行脉序

什么是双子叶植物

双子叶植物是种子发芽时有两片子叶的植物。

双子叶植物属于被子植物。双子叶植物的叶脉多是网状叶脉，根为典型的直根，区分主根和侧根，维管束呈同心环的方式排列。

大部分双子叶植物的花颜色艳丽，十分醒目。代表性的双子叶植物有凤仙花、杜鹃花、迎春花、蒲公英、大字杜鹃、荠菜、白菜、萝卜、南瓜、黄瓜等。

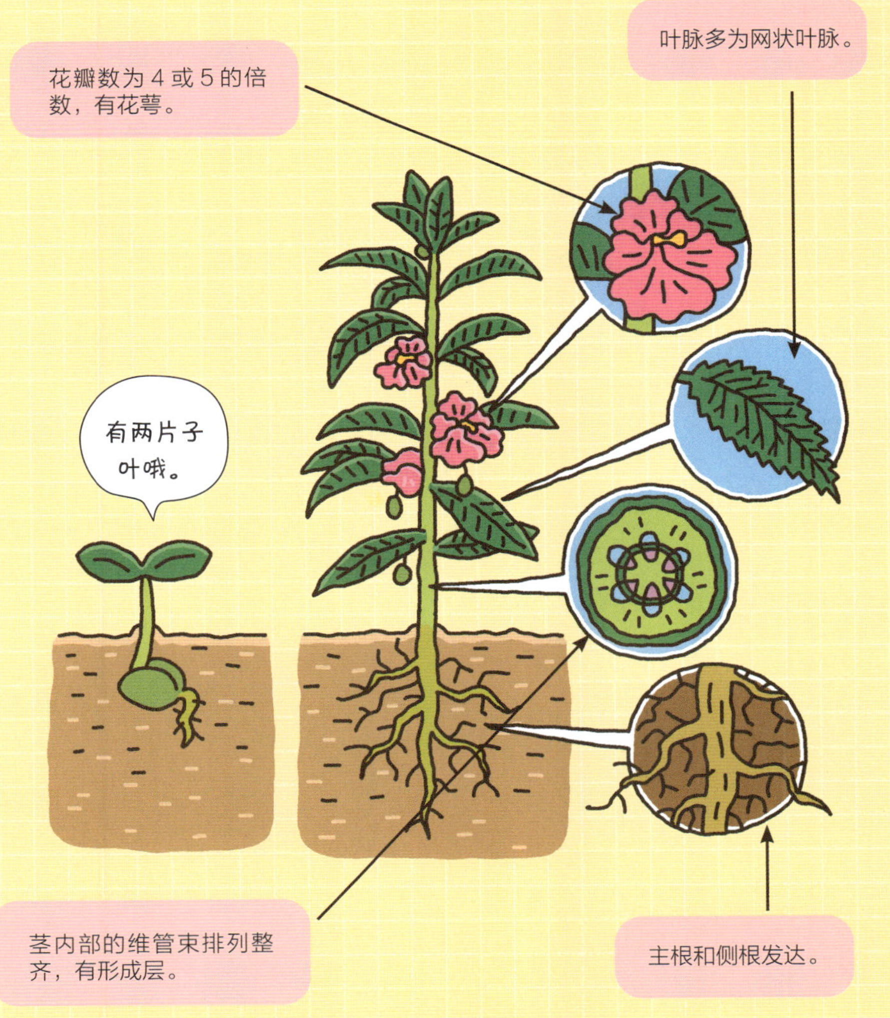

双子叶植物（凤仙花）的特征

什么是多年生植物

多年生植物是指个体寿命超过两年的植物。

多年生植物可以分成多年生草本植物和多年生木本植物两类。

多年生草本植物的根会以球根或地下茎的方式过冬，第二年春天再次发芽。多年生木本植物的叶子会在冬天时全部凋零，但枝干依旧存活，第二年重新发芽生长。

多年生植物大多数在一生中反复开花结果。竹子、龙舌兰等少数多年生植物，一生只会开花结果一次。

多年生草本植物——长柄玉簪

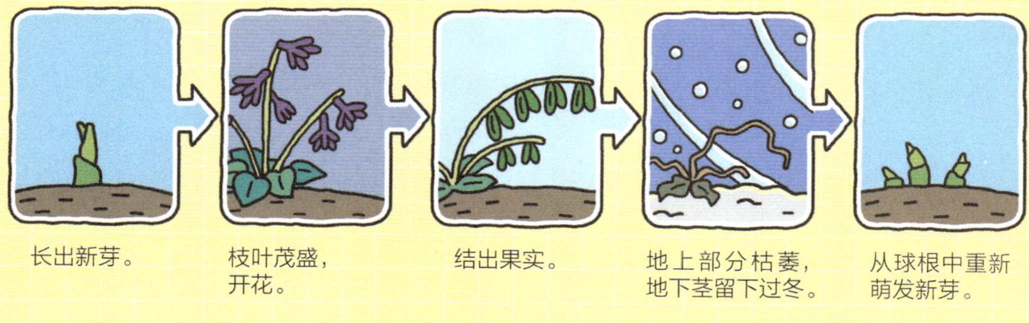

多年生木本植物——柿子树

多年生植物的生长周期

植物如果没有花，还能繁衍后代吗

花是被子植物的繁殖器官，最后形成种子。

典型的花由雌蕊、雄蕊、花瓣、花萼、花托五个部分组成。

雄蕊产生花粉，雌蕊接受花粉、结出果实，花瓣和花萼保护雌蕊和雄蕊。

被子植物开花是为了产生种子，繁衍后代。

蕨菜的孢子囊

竹子的地下茎

草莓的匍匐茎

知识拓展 植物如果没有花，还能繁衍后代吗？

开花的植物能产生种子，用于繁殖。

不会开花的蕨菜、苔藓等植物会用孢子繁殖；有些植物利用根、茎、叶来繁衍后代，例如草莓在匍匐茎上生根繁殖、竹子的地下茎向旁边伸展繁殖。

一年生植物

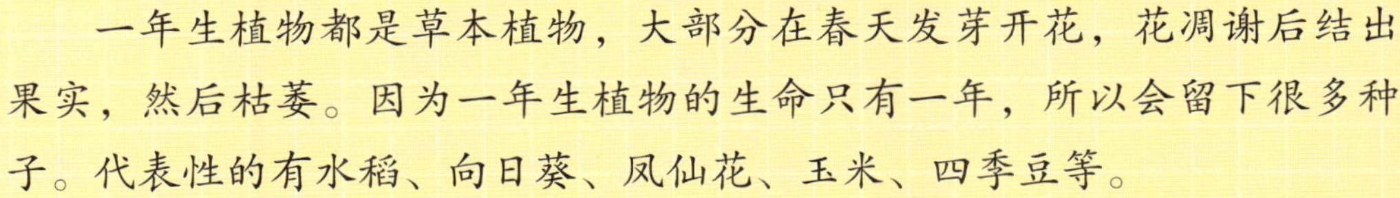

生长周期为一年的植物。

一年生植物都是草本植物，大部分在春天发芽开花，花凋谢后结出果实，然后枯萎。因为一年生植物的生命只有一年，所以会留下很多种子。代表性的有水稻、向日葵、凤仙花、玉米、四季豆等。

雄蕊和雌蕊

雄蕊负责生产花粉，雌蕊负责受粉和结果。

雄蕊

如果与动物类比，雄蕊就相当于雄性动物，通常一朵花中有多个。雄蕊由花药和花丝组成，其中花药能够生产花粉，花丝则起到支撑花药的作用。

花丝的大小和形状非常多样，有无毛的，有带长毛的以及表面有突起的，也有一些雄蕊完全没有花丝。不同植物花药的形状和大小也各不相同，花药成熟后特定部位会裂开或出现小孔，以便让花粉出来。

雌蕊由柱头、花柱和子房三部分组成。

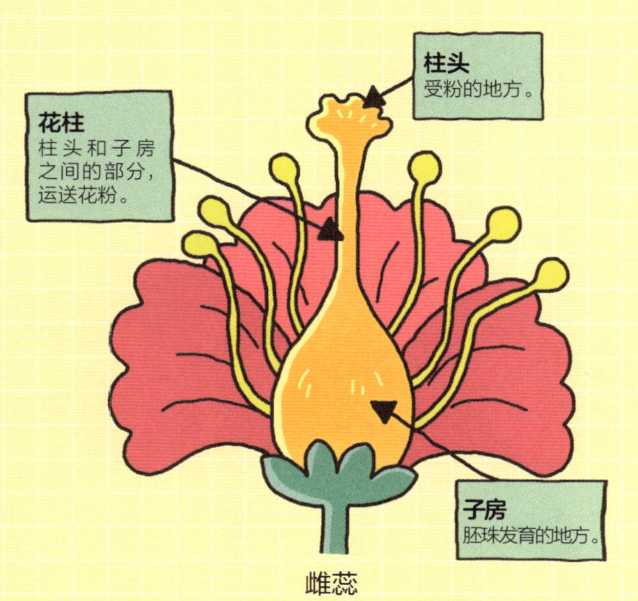

雌蕊

柱头表面凹凸不平或附有黏稠的物质，容易沾上花粉。花柱内中空，长短不一，有的花没有花柱。子房里的胚珠长大，就会变成种子。

通常每朵花只有一个雌蕊，但无花果树、莲花、草莓等有两个或多个雌蕊。

完全花和不完全花

完全花是有雄蕊、雌蕊、花托、花瓣、花萼的花，不完全花是缺其中任一部分的花。

在一朵花中，雄蕊、雌蕊、花托、花瓣、花萼五部分俱全的花叫完全花，缺少任何一部分就是不完全花。

完全花有百合、玫瑰、桃花、四季豆花、向日葵、蒲公英等。

不完全花既可能是雌雄同株的两性花，也可能是只有雄蕊或雌蕊的单性花。

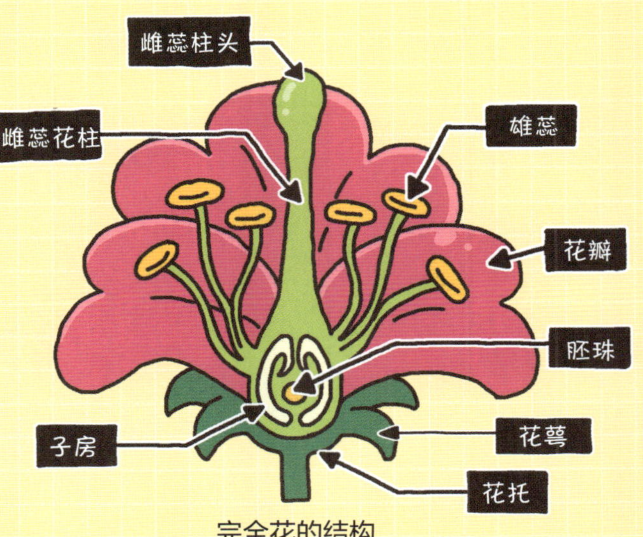

完全花的结构

没有花瓣的花

麦花

香蒲草

金色狗尾草

没有花萼的花

郁金香

雌雄异株的花

南瓜的雌花和雄花

玉米的雌花和雄花

单性花和两性花

单性花是一朵花中只有雄蕊或雌蕊，双性花是一朵花中既有雄蕊又有雌蕊。

由于单性花中只有雌蕊或雄蕊，因此属于不完全花。有雌蕊的花叫雌花，有雄蕊的花叫雄花。

松树、黄瓜、南瓜、玉米等植物的雌花和雄花开在同一植株上，叫作雌雄同株；银杏、苏铁、菠菜、柳树等植物的雌花和雄花开在不同的植株上，叫作雌雄异株。

两性花与单性花相对应，开花植物中大部分为两性花植物。

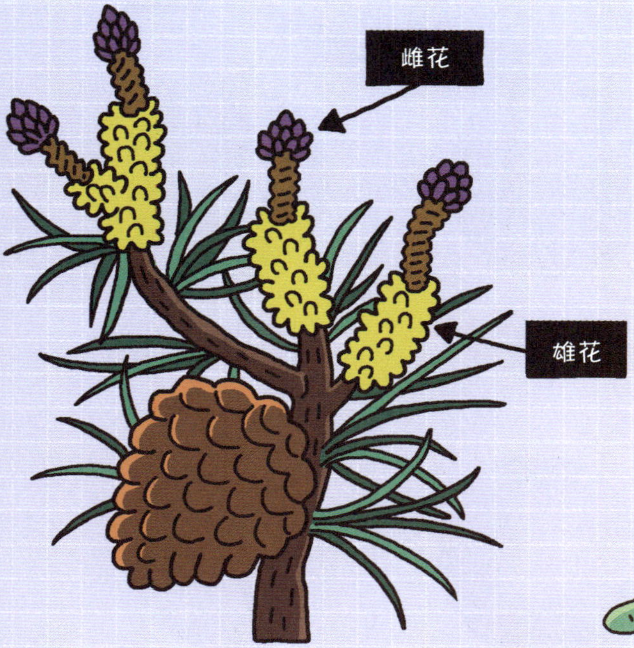

雌花

雄花

松树的花（雌雄同株）

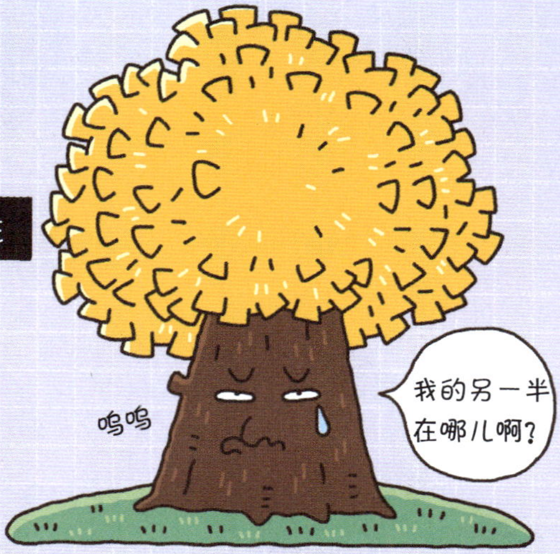

呜呜

我的另一半在哪儿啊？

银杏树（雌雄异株）

什么是传粉

传粉是指将花粉传送到雌蕊柱头的过程。

传粉就是授粉。植物形成种子前，雄蕊的花粉被传送到雌蕊柱头上，通过花粉管后，与子房里的胚珠结合完成受精。

由于雄蕊和雌蕊相距较远，因此需要借助昆虫、鸟、风、水等传递花粉。根据传粉媒介的不同，可以分为虫媒花（通过昆虫传粉）、鸟媒花（通过鸟传粉）、风媒花（借助风传粉）、水媒花（通过水传粉）等类别。

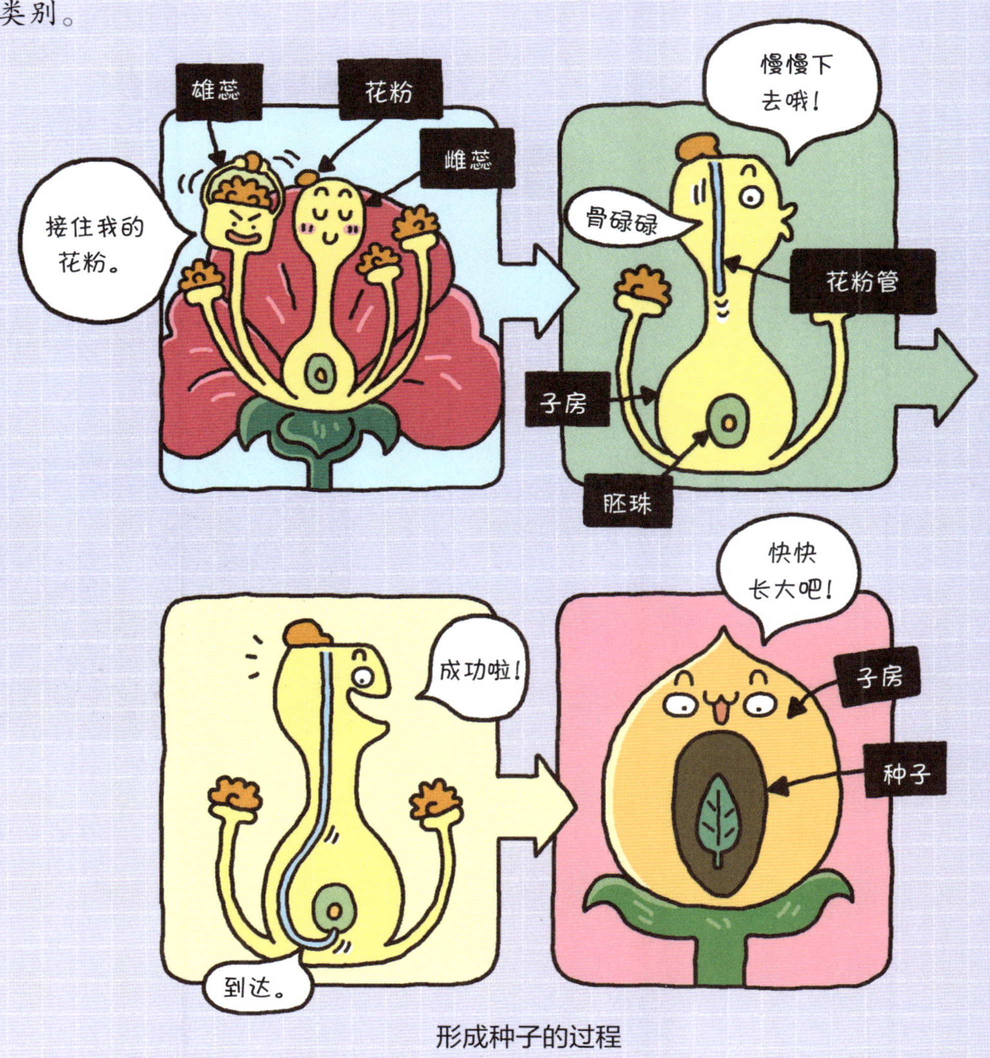

形成种子的过程

来看看发芽的过程

发芽是指种子的胚发育长大，突破种皮的现象。

发芽是指新芽从胚芽中长出，发芽需要一定的水分、温度和氧气。

除了外部适宜的环境，种子萌发也需要良好的自身条件，干瘪的种子、被虫咬坏的种子、储存时间长而胚死亡的种子、正在休眠的种子都不能发芽。

发芽时。
幼嫩的根最先冲破种子的外皮。
根部伸入土壤深处。
子叶之间会长出真叶。
然后长出茎。
幼根
子叶
真叶
真叶
子叶
茎
根

四季豆种子的发芽过程

什么是子叶

种子发芽时最早长出的叶状器官。

双子叶植物的子叶

种子发芽后，首先生根，长出子叶后，真叶在子叶的保护下生长。当真叶完全长出，子叶的营养物质被耗尽，真叶再利用光合作用自主制造营养物质。

双子叶植物有两片子叶，而单子叶植物只有一片子叶，且子叶不会从种子里冒出来，实际出土的部分是胚芽鞘。

不同植物的子叶形状也不同。在种子萌发时，有的子叶长出地面，有的则留在地下。长出地面的子叶呈绿色，能够进行光合作用；留在地下的子叶肥厚，储存着大量营养物质。

种子的传播，植物妈妈有办法

种子位于植物的果实中，能生长为新植株。

雌蕊中的胚珠受精后生长成熟就成为种子，种子发芽后就可以生长为新的同种植物。不同种类植物的种子，大小、形状、结构也各不相同。

种皮
包裹种子的外皮。
胚
将会成为新植株的部分。
胚乳
含有发芽时所需的营养物质。

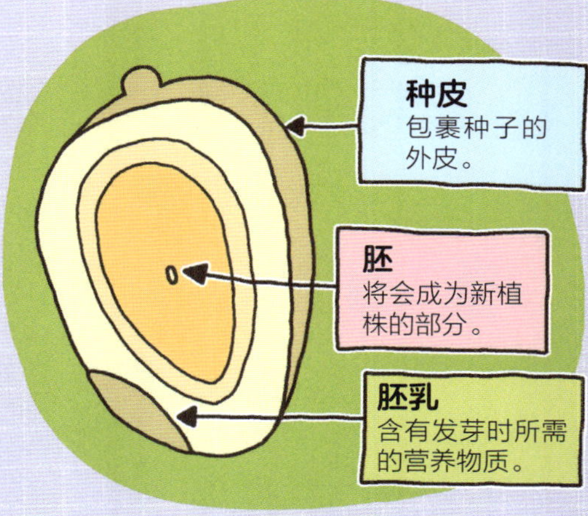

水稻种子的结构

知识拓展　种子的传播方式

植物传播种子的方式有很多种。果实被动物吃掉，或者种子随风飞扬，这些方法都可以使种子传播到很远的地方。种子都落在同一个地方生根发芽，会相互争抢生长所需的营养物质和水，所以种子要分散开来，避免相互之间的竞争。

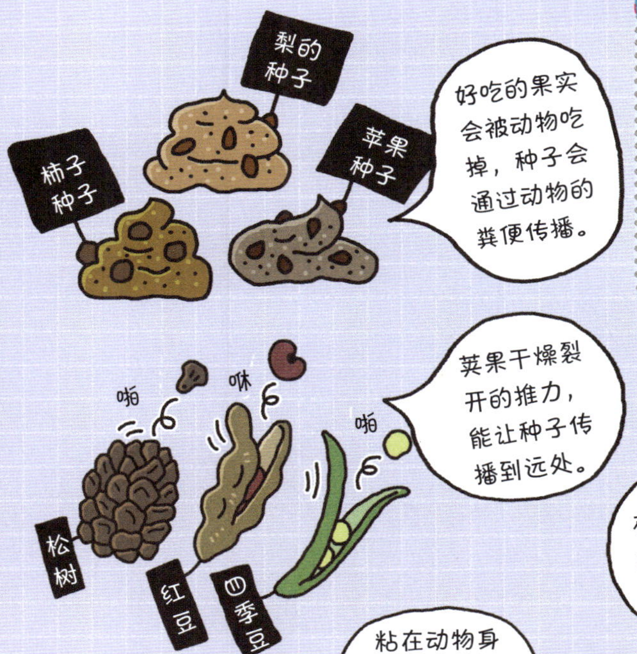

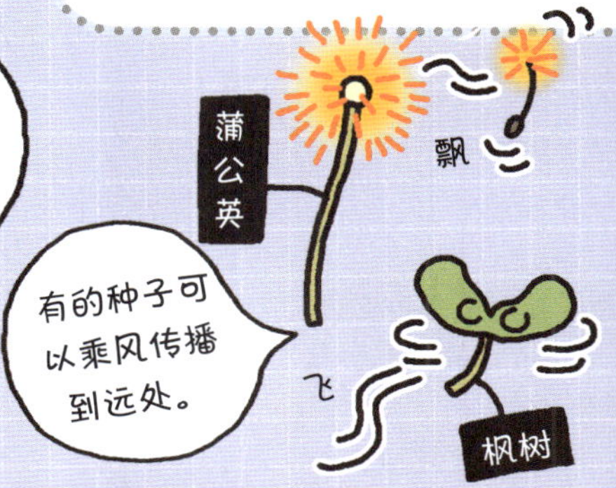

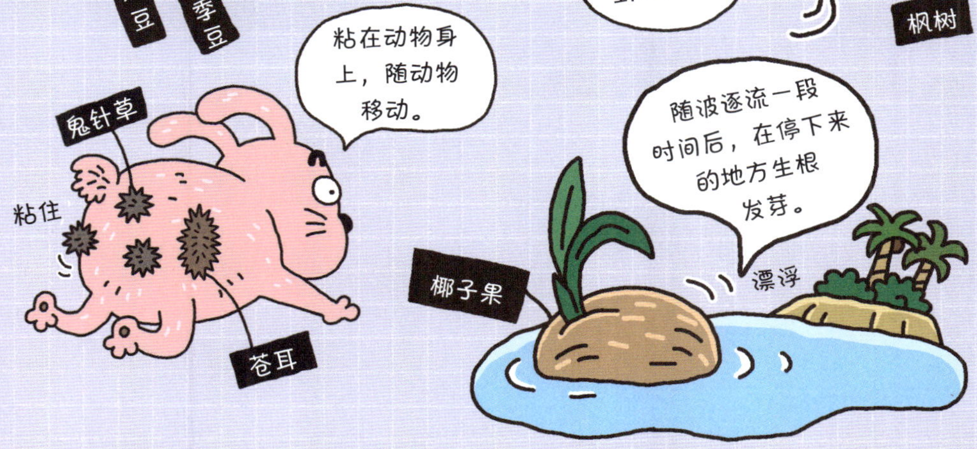

梨的种子
柿子种子
苹果种子
好吃的果实会被动物吃掉，种子会通过动物的粪便传播。
啪
咻
啪
荚果干燥裂开的推力，能让种子传播到远处。
松树
红豆
四季豆

蒲公英
飘
有的种子可以乘风传播到远处。
飞
枫树

粘在动物身上，随动物移动。
鬼针草
粘住
苍耳
随波逐流一段时间后，在停下来的地方生根发芽。
椰子果
漂浮

果实成熟为什么会变色

果实是植物受精后，由雌蕊的子房或有花的其他部分参加而形成的器官。

植物结果是为了保护种子，并让种子传播得更远。除子房以外，花萼等其他部分也可以长成果实的一部分。我们吃的苹果的果肉，就是种子和果皮之间的部分，储存着很多营养成分。

知识拓展 果实成熟变色的原因

苹果和柿子等大部分果实在成熟前是绿色的，成熟后会变成红色、黄色等。成熟前果实的颜色和叶子一样，是为了防止没有发育成熟的种子被动物吃掉；种子完全成熟后果实就会变成鲜艳的颜色，吸引动物食用，动物吃下果实，果实中的种子就会随动物传播到远方。

叶有哪些作用

叶是生长在枝干末梢或边缘，进行光合作用、呼吸作用、蒸腾作用的植物器官。

绝大部分叶为绿色，大致可以分为叶片、叶柄和托叶三部分。光合作用是植物的叶绿体制造营养物质的过程。呼吸作用是植物的线粒体利用光合作用生成的有机物来制造能量的过程。蒸腾作用是通过叶片的气孔，将植物体内的水以水蒸气的形式排到空气中的过程。

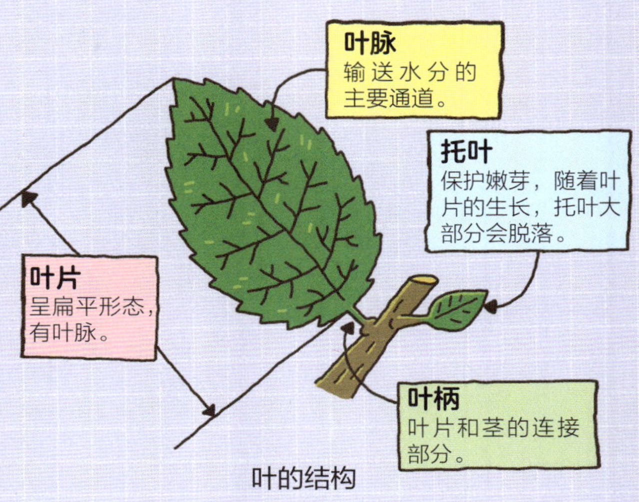

叶的结构

知识拓展 叶在茎或枝上的排列方式

茎上叶子的排列方式叫作叶序，有对生、互生、轮生和簇生等形式。虽然每种植物的叶序不同，但它们有一个共同点，那就是叶与叶之间保持一定的距离。这是为了互相不挡光，充分接收阳光照射。

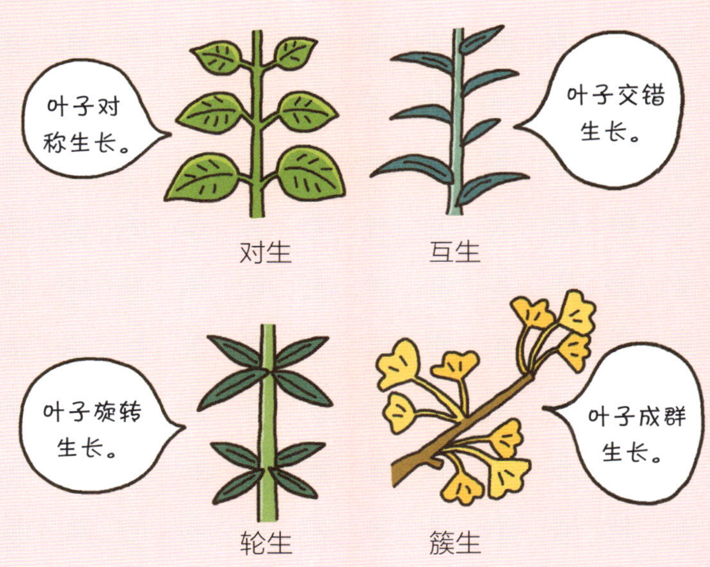

叶绿体有什么作用

叶绿体是能进行光合作用的细胞器。

叶绿体中有绿色的叶绿素，叶绿素能够利用从根部吸收的水和空气中的二氧化碳，同时吸收光能，制造出有机物。有机物是植物生长所必需的能源，动物也需要摄取有机物生存。

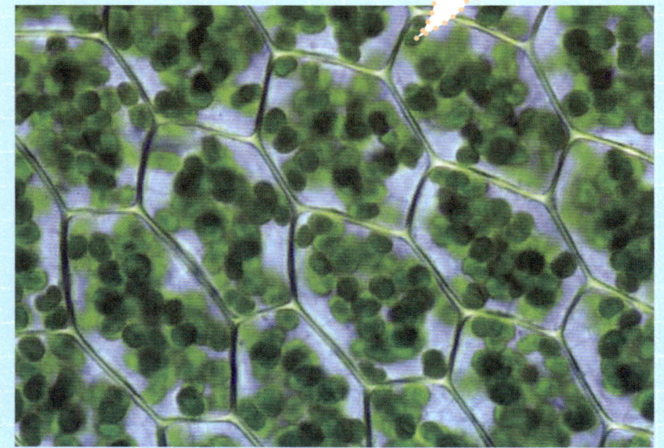

植物细胞中的叶绿体

什么是叶绿素

绿色植物的叶子中的绿色化合物。

由于叶绿素是绿色的，所以含有叶绿素的叶绿体看起来也是绿色的，植物含叶绿体的叶子也呈绿色。叶绿素有很多种，如叶绿素a、叶绿素b、叶绿素c、叶绿素d等。

光合作用有多重要

光合作用是绿色植物利用光能制造有机物的过程。

绿色植物能利用太阳的光能，将从根部吸取的水分和从气孔进入的二氧化碳，转化成储存着能量的有机物和氧气。绿色植物的光合作用一般发生在叶绿体中。合成的有机物可以转换成能量，用于植物的呼吸、生长。

绿色植物通过光合作用制造的有机物，还为生物圈里的生物提供了基本的食物来源。

植物的光合作用

植物的茎有什么作用

茎是植物的器官之一，下端与根连接，上端与叶连接。

茎能够支撑植株，茎里的导管和筛管能够运输水和营养物质。双子叶植物的导管和筛管之间存在形成层，所以茎才能长粗；单子叶植物没有形成层，所以茎不会变粗。

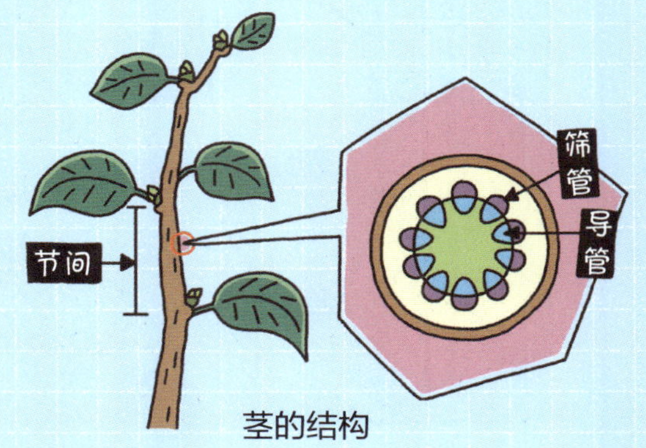

茎的结构

根据茎生长的形状，可以把茎分为笔直向上伸展的直立茎，平卧在地面、节上能长出根的匍匐茎，缠绕在其他物体上向上爬的缠绕茎，长在地下的地下茎，以及依附在其他物体上攀缘生长的攀缘茎。

植物的根有什么作用

根是支撑并固定植物的地上部分，吸收土壤中的水和无机盐等营养物质的器官。

每种植物根的长度和形状都不尽相同。

水稻、玉米等单子叶植物的根是须根，基本不存在主根、侧根之分；凤仙花、四季豆等双子叶植物的根是典型的直根，分为较粗的主根和较细的侧根两部分，通过根部的根毛来吸收水分。

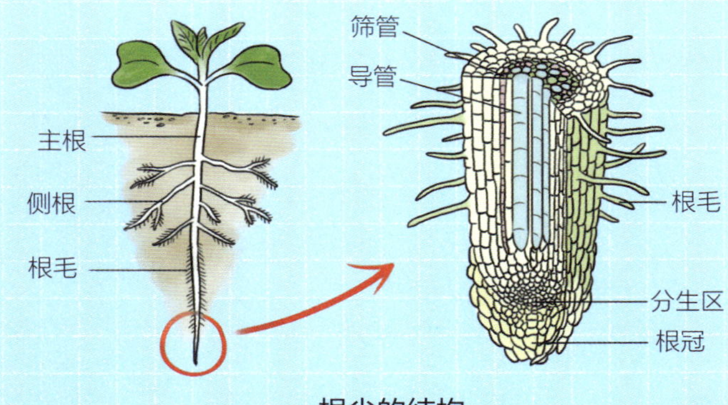

根尖的结构

根的尾部有根冠，可以钻进坚硬的土地，也可以保护分生区。分生区就在根冠上方，它可以持续制造出新的细胞，以实现根的伸长。

知识拓展 根的功能

支持作用
支撑整株植物。

吸收功能
把土壤中的水和营养物质吸收到植物里。

贮藏功能
贮藏营养物质。

植物的分生区在哪里

分生区是植物的根的末端通过细胞分裂实现生长的部分。

动物全身都可以生长，但是植物只有分生区和形成层能够生长。根部末端的分生区能够让植物的根变长，而茎中间的形成层可以让植物变得粗壮。

什么是筛管

植物茎中存在筛管，它可以将植株叶片通过光合作用制造的营养物质运往其他地方。

筛管里有很多小孔，形状与筛子相似，所以取名为筛管。筛管和导管共同存在于植物根茎中的维管束里。

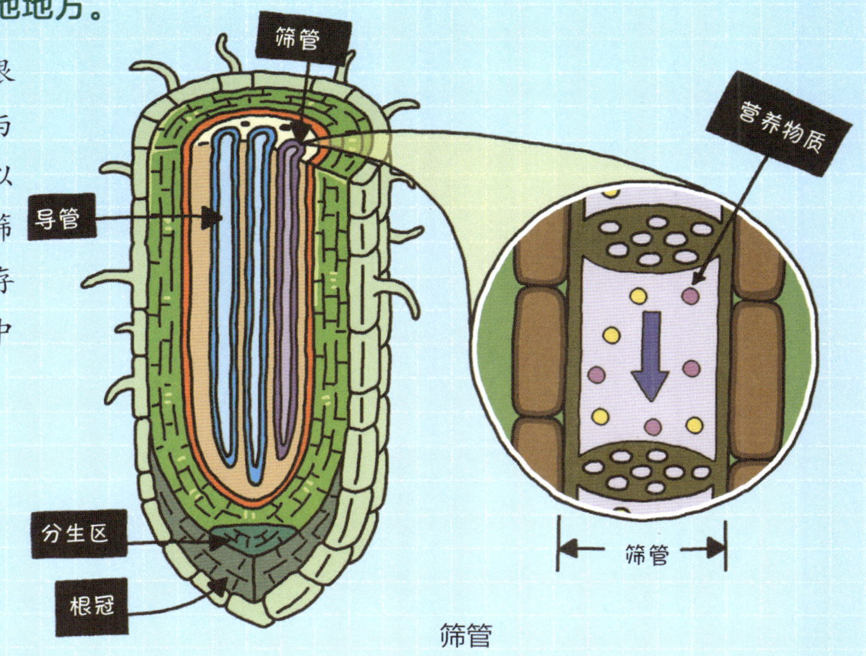

筛管

植物的导管运输什么

导管是植物中向上运输根部吸收的水分和无机盐等营养物质的管道。

导管细胞纵向连接在一起，上下细胞之间没有细胞壁，呈吸管状。植物中的导管和筛管就像人体中四通八达的血管一样，从根部一直延伸到枝干和叶子，覆盖整个植株。导管和筛管共同组成维管束。

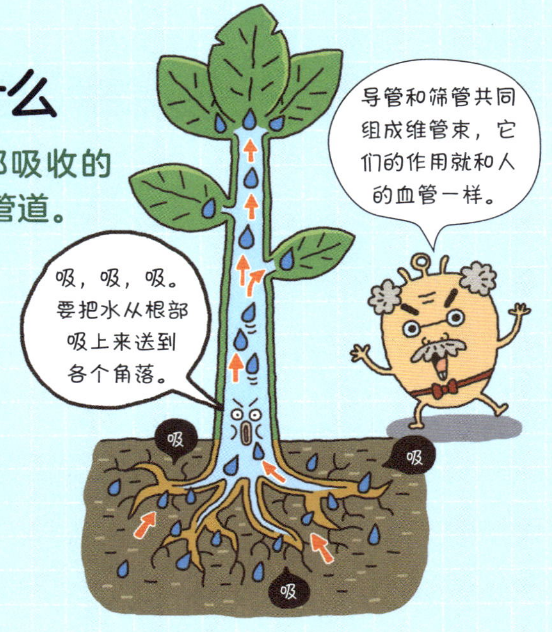

来看看维管束

维管束是植物体内输导水、无机盐和有机养料的通道。

维管束由导管和筛管组成。导管用于运输根部吸收的水分和无机盐，筛管将叶子制造的有机养料向下运输。单子叶植物的维管束没有形成层，因此枝干不粗壮。维管束贯穿整个植物，从叶到茎，延伸到根部。

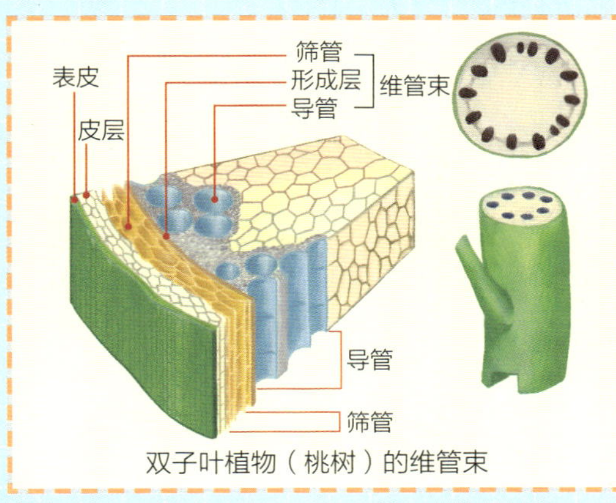

双子叶植物（桃树）的维管束

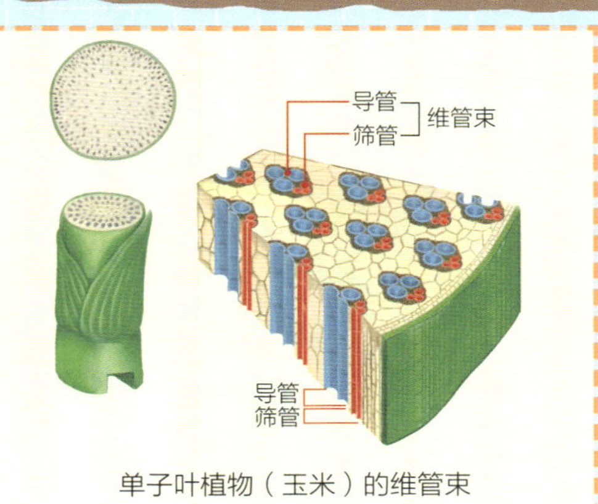

单子叶植物（玉米）的维管束

植物的蒸腾作用

蒸腾作用是指植物内部的水分以水蒸气状态散失到大气中的过程。

植物从根部吸收水分，通过根、茎、叶中的导管运输到叶肉细胞。叶肉细胞将一部分水分用于光合作用，余下的水就会通过植物叶片的气孔排出。

运输水分的导管从叶片一直连接到根部末端，当植物发生蒸腾作用时，水会持续不断地从根部向上运输。在运输水分的同时，导管也在运输无机盐。

来看看叶子上的气孔

气孔是植物的保卫细胞围成的空腔。

气孔是光合作用所需的二氧化碳和产生的氧气的进出孔。植物发生蒸腾作用时，叶子里的水变成水蒸气，也从气孔排出。气孔大多分布在叶子背面，不同植物气孔的个数和形状不同。

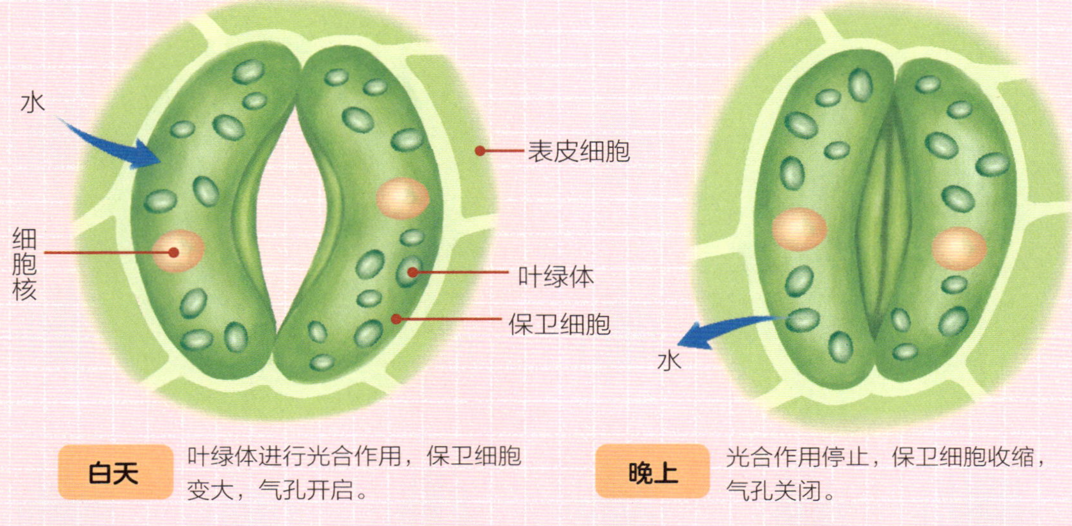

白天　叶绿体进行光合作用，保卫细胞变大，气孔开启。

晚上　光合作用停止，保卫细胞收缩，气孔关闭。

来看看叶子上的保卫细胞

保卫细胞是控制植物气孔开合的细胞。

保卫细胞由表皮细胞演化而来，大多在叶子背面，内部的叶绿体能进行光合作用。保卫细胞成对存在，中间的孔隙就是气孔。保卫细胞的形状和大小是可以调节的，因此保卫细胞能够控制气孔开合，调节水蒸气、二氧化碳、氧气的进出。

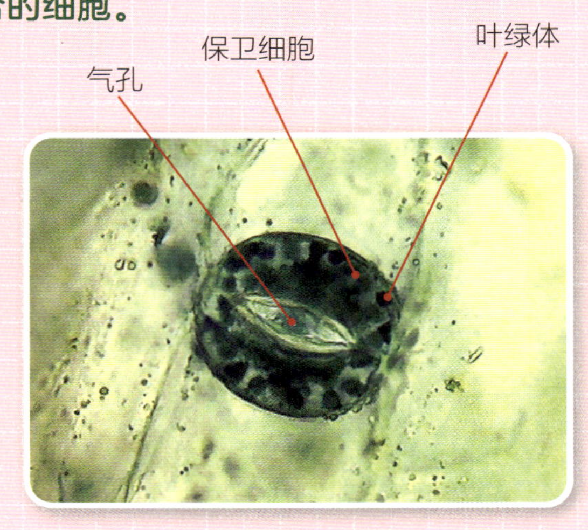

什么是渗透现象

半透膜两侧存在浓度不同的同种溶液时，溶剂从浓度较低的一侧向浓度较高的一侧移动的现象。

半透膜能够根据分子的大小，选择性地让某些物质通过。植物和动物的细胞膜都是半透膜。泡澡时手脚起皱纹、植物根部吸水都属于渗透现象。

用盐腌制白菜过程中的渗透现象

怎么用瓶碗栽培植物

在完全封闭的玻璃碗或开口较小的玻璃瓶中栽培植物。

植物只要有光、空气、水等其他营养物质就可以进行光合作用并茁壮成长。

在封闭的玻璃瓶中栽培植物，需要给予太阳光或电灯光照射，瓶里的空气中要含有二氧化碳，植物的根部可以从土壤中吸收水和其他营养物质。玻璃瓶中，植物叶片排出的水蒸气像雾一样凝结成小水滴，再落回土壤，被根部吸收。这样，植物生长所需的物质可以在容器中循环利用。

什么是水培种植

用溶有植物生长所需营养物质的培养液栽培植物。

在水培过程中，植物从培养液中获取生长所需的营养物质，而不是从土壤中获取。培养液是在水中加入了适当比例的营养物质溶解制成的。水培也叫作营养液培、水耕栽培、养液栽培等。

在水培过程中，可以通过不在培养液中加入某种植物生长所需的营养物质或是调节某种营养物质的含量，观察特定营养物质对植物的生长会有怎样的影响。目前，不仅可以水培种植普通农作物，还可以水培种植像果树这样的大型作物。可以在家进行简单水培的植物有洋葱、萝卜芽等。

什么是食虫植物

食虫植物是指能够捕食昆虫以获得营养物质的植物。

食虫植物也叫作捕虫植物。食虫植物可以通过光合作用制造营养物质，但因为它们主要生活在潮湿的地方（如湿地），营养物质并不充足，所以要通过捕食昆虫来补充营养物质。代表性的食虫植物有捕蝇草、茅膏菜等。

捕蝇草
虫子只要碰到叶片内侧生长的刺毛，叶片就会瞬间闭合来抓住虫子。

茅膏菜
虫子一旦触及叶面的腺毛，就会被粘住无法动弹。

捕虫堇
叶面上的茸毛能够分泌黏液来抓捕昆虫。

猪笼草
瓶状的捕虫囊有蜜腺，能分泌蜜汁引诱昆虫，囊的内壁很光滑，昆虫很容易掉落其中。

瓶子草
叶子顶端与瓶盖类似，中空的瓶身内侧长有向下的倒毛，使昆虫无法逃脱。

你知道什么是真菌吗

真菌是通过孢子繁殖的、菌丝呈线状的生物。

香菇、牛肝菌、木耳等是常见的真菌，霉菌、酵母菌也是真菌。真菌不能开花结果，通过孢子繁殖，孢子飘浮在空中，如果遇到适宜的条件，就能发育成新的个体。

落在食物上的真菌呈红色、黑色、青色、白色等，是因为真菌孢子颜色不同。

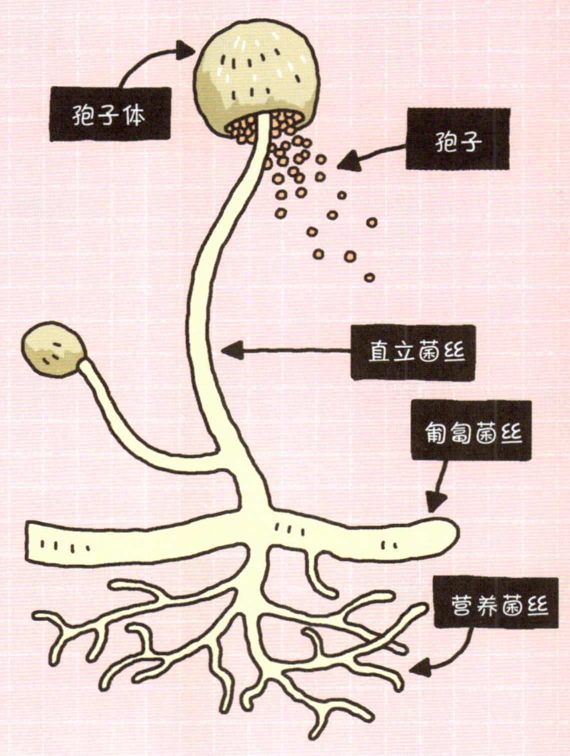

知识拓展　所有的真菌都对人体有害吗？

大部分真菌会让食物腐烂、衣料发霉、生物患病。但是青霉菌可用于制药，曲霉菌可用于酿造酱油和大酱。另外，真菌可以分解尸体，扮演大自然“清洁工”的角色。

用青霉菌可以制成青霉素，这种抗生素救了很多生命。

酒曲中的曲霉菌可用于酿制大酱。

青霉菌

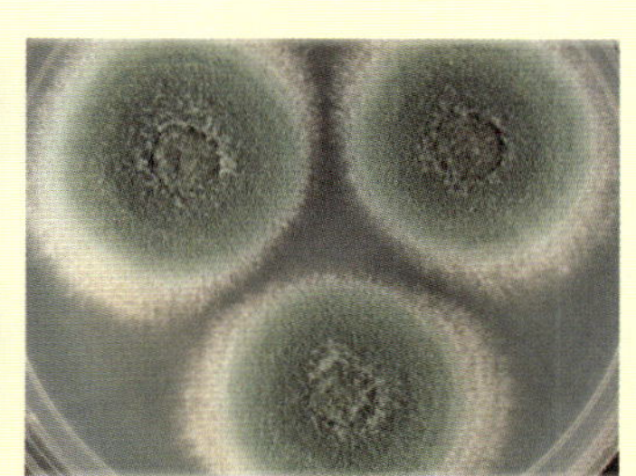
曲霉菌

蘑菇是植物吗

蘑菇是指没有能够自己制造营养物质的叶绿素，由菌柄和菌盖组成的担子菌门真菌。

蘑菇通常在山或平原的阴凉处或潮湿的地方生长（如腐烂的木头）。

蘑菇的孢子能够随风飘到远处，长出新的菌丝，菌丝又会长成一颗新的蘑菇。有一些蘑菇是可以食用的，而有一些蘑菇是有毒的，不可食用。因此一定不要随意触摸或食用野生蘑菇。

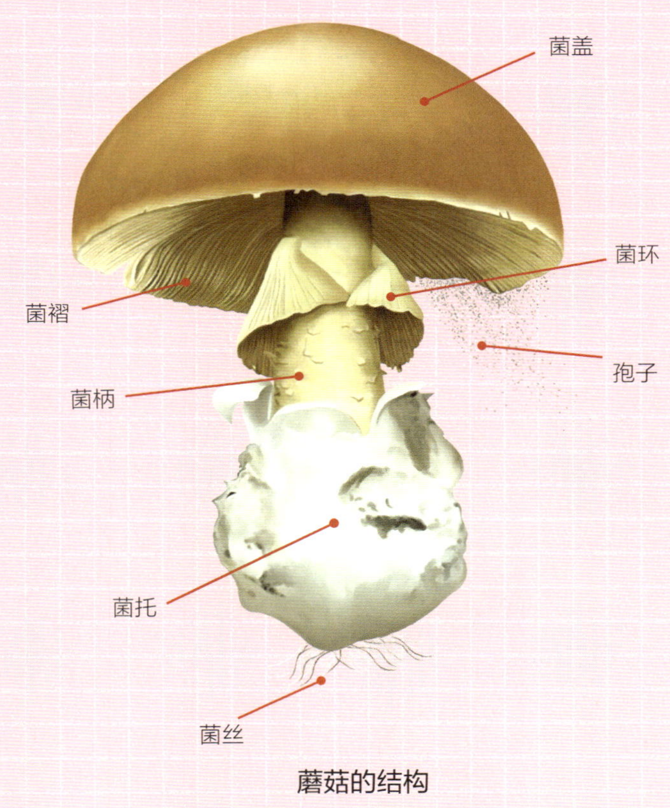

蘑菇的结构

3 动物

什么是动物

从其他生物中获取营养物质的自主运动生物。

动物与植物的区别在于是否拥有系统化的器官。动物有腿或翅膀，可以自由活动，但无法制造营养物质，只能靠捕食其他生物生存。地球上的动物超过100万种，可分为无脊椎动物和脊椎动物两大类。

无脊椎动物

节肢动物：体外覆盖坚硬的几丁质外骨骼，身体分节。

环节动物：身体呈长圆筒形，分节。

其他

扁形动物：身体呈扁平状。

软体动物：身体柔软，有外套膜覆盖。

无脊椎动物的部分种类和特征

无脊椎动物有海绵动物、腔肠动物、软体动物、环节动物、节肢动物等。

脊椎动物有鱼类、两栖动物、爬行动物、鸟类、哺乳动物等。

动物生活的地方和种类不同，其外表多种多样，以适应周围环境。

脊椎动物的种类和特征

来看看无脊椎动物

无脊椎动物是体内没有由脊椎骨组成的脊柱的动物。

大部分的动物都是无脊椎动物，它们的形态各异，生活方式多种多样。无脊椎动物的体形一般比脊椎动物小，结构也相对简单。根据身体形状、繁殖方式、生活方式的不同，无脊椎动物可以分为腔肠动物、扁形动物、软体动物、环节动物、棘皮动物、节肢动物、海绵动物等。

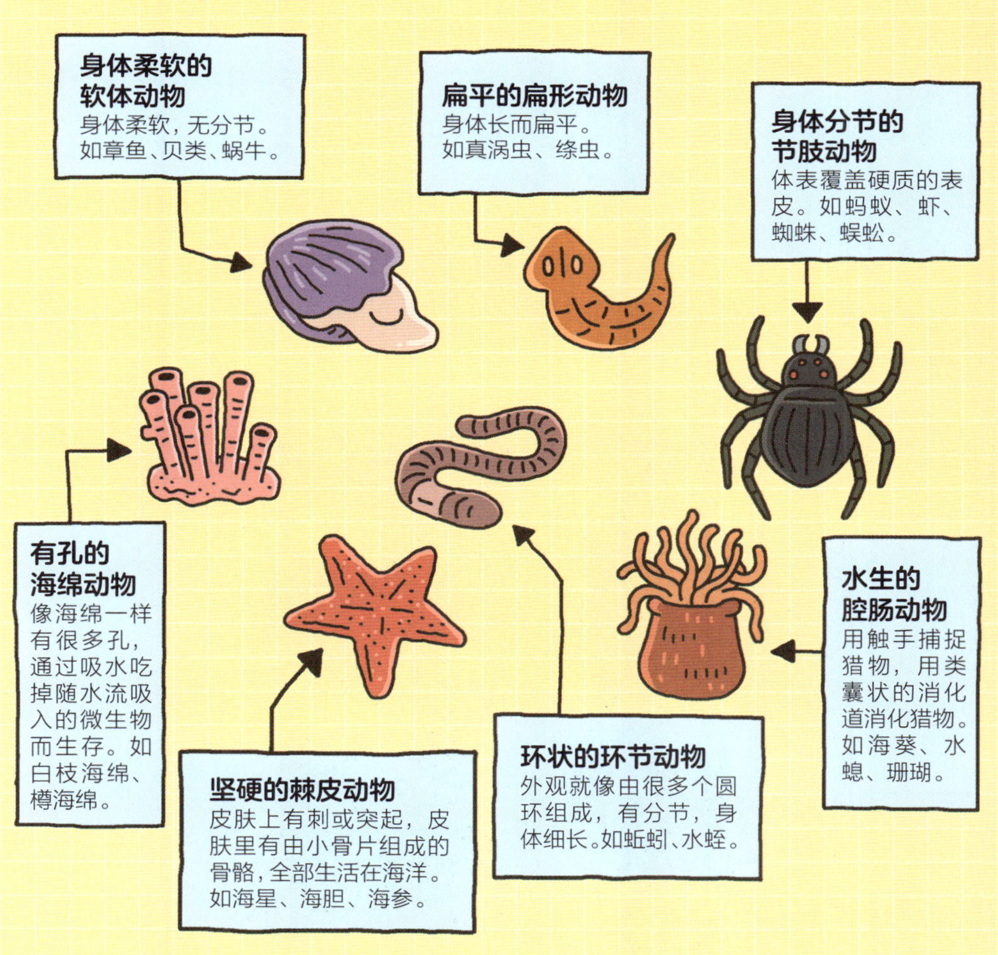

来看看节肢动物

节肢动物是身体和附肢分节的体表较硬的动物。

节肢动物的身体左右对称，一般分为头部、胸部、腹部三部分，或分为头胸部和腹部两部分。节肢动物种类繁多，有甲壳动物（甲壳亚门）、昆虫（昆虫纲）、蜘蛛（蛛形纲）、蝎子（蛛形纲蝎目）、蜈蚣（唇足纲蜈蚣目）等。

节肢动物是最大的动物类群，昆虫是节肢动物中种类最多的一类。昆虫的体表较硬，是因为表面有外骨骼。外骨骼有保护自身和防止体内水分蒸发的作用，但会限制发育。昆虫需要定期蜕皮，以使躯体能够继续生长。

知识拓展　节肢动物

节肢动物的体表有坚硬的外骨骼。外骨骼是由表皮细胞分泌的物质形成的，其中主要含有几丁质和蛋白质。

你害怕昆虫吗

昆虫是身体分头、胸、腹三部分，有三对足的节肢动物。

昆虫是节肢动物中种类最多的一类。

昆虫头部有一对触角，有单眼或复眼。一般有两对翅，有的只有一对——例如苍蝇的一对翅膀已经退化——有的没有翅膀，如蚂蚁等。

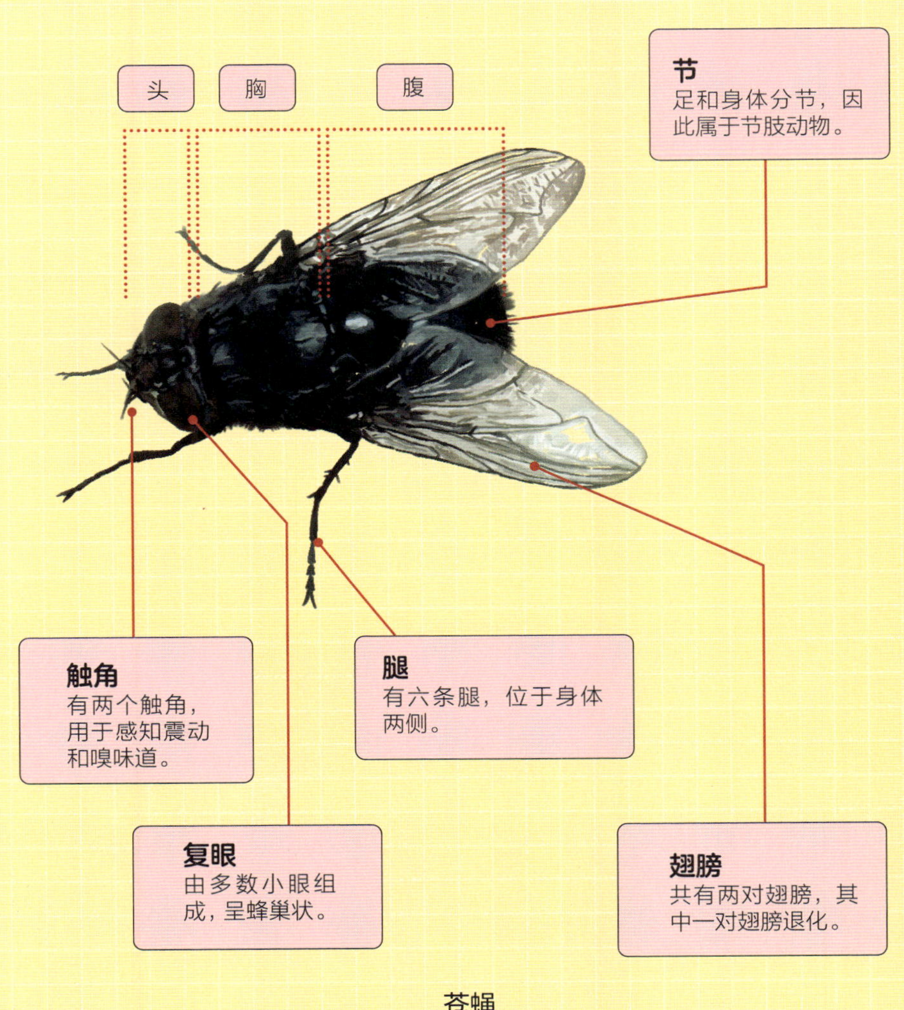

苍蝇

完全变态和不完全变态

两者的区别是昆虫生长过程中是否经历化蛹期。

变态是指昆虫在生长过程中，身体形态发生巨大变化，成为成虫的过程。完全变态与不完全变态相对。完全变态昆虫的幼虫和成虫形态差距较大，例如蝴蝶、蚊子、苍蝇、蜜蜂等。

不完全变态昆虫的幼虫和成虫形态较为相似，在幼虫时期经过数次蜕皮后最终成为成虫。一些较为古老的昆虫，如螳螂、蜻蜓、蝉、蝗虫等都是不完全变态的昆虫。

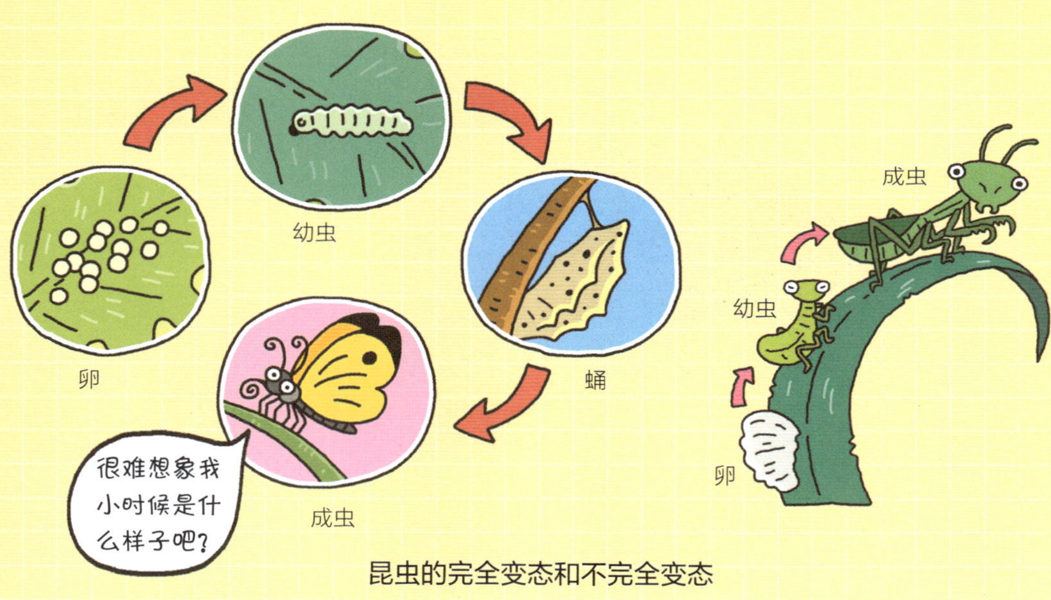

昆虫的完全变态和不完全变态

螳螂（不完全变态）

蝗虫（不完全变态）

肉肉的虫子，有点儿吓人啊

幼虫时期是昆虫发育中的一个过程，幼虫由昆虫的受精卵孵出。

幼虫时期是指完全变态的昆虫在化成蛹之前的时期，或是不完全变态的昆虫在成为成虫之前的这段时期。

昆虫幼虫有的像蝴蝶幼虫一样有脚，有的像苍蝇幼虫一样没有脚。

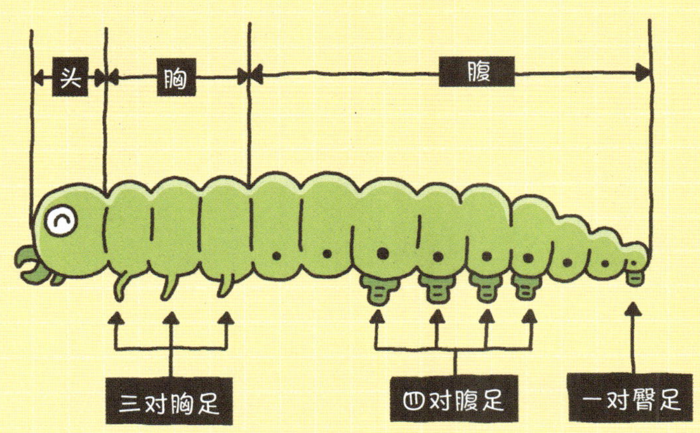

菜粉蝶幼虫的形态

看，它在蜕皮

蜕皮是指许多节肢动物和爬行动物蜕去最外层表皮的过程。

蜕皮也叫作脱皮。昆虫在生长期间，表皮会妨碍虫体继续成长，因此需要蜕去表皮。某些昆虫在幼体阶段会蜕皮3～5次，然后结成蛹，从蛹变成成虫时也需要蜕皮。蛇在生长过程中会经历蜕皮过程。

这是蝉蜕下的皮，夏天经常可以在树上见到。

不完全变态的昆虫是不会化蛹的

蛹是指昆虫从幼虫发育为成虫的过渡形态。

完全变态的昆虫从幼虫蜕变为成虫的过程，就是化蛹。在这一阶段，幼虫不吃不喝，也不排泄，个体大小也基本不变。经过一定的时间，成虫破茧而出，这个过程叫作羽化。

停止进食并寻找安全的地方。

嘴里吐丝，用来固定身体。

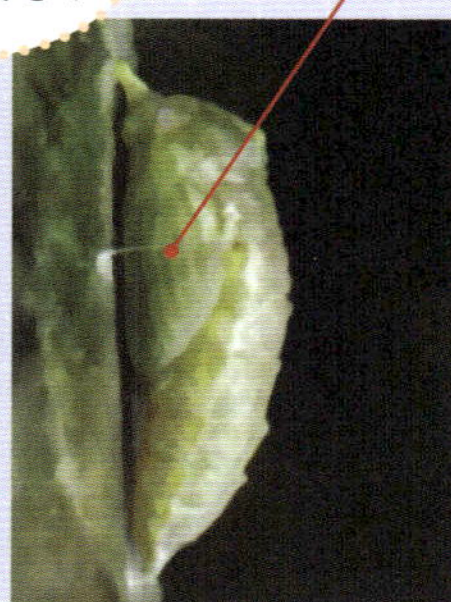

向下蜕皮。

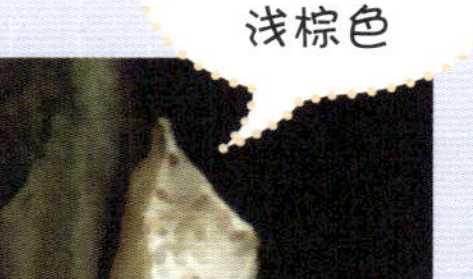

逐渐变成与周围环境相似的颜色。

菜粉蝶幼虫的化蛹过程

来看看羽化成蝶的过程

羽化是指昆虫由幼虫经历蛹期变为成虫的过程。

蚕的幼虫在茧中发育成蚕蛹，然后长成成虫。蝴蝶和苍蝇在蛹内长成成虫，然后飞出来。昆虫在羽化后就不再继续生长。

表面变透明。

蛹的背部裂开，头、胸伸出来。

翅膀、腹部等身体部位伸出来。

缓缓张开翅膀，待翅膀变硬后即可起飞。

菜粉蝶的羽化过程

昆虫终于长大了

成虫阶段是昆虫生命的最后阶段。

在成虫阶段，昆虫的生殖器官已经发育成熟，可以进行配对和产卵，所以也可以将成虫阶段称为繁殖期。

成虫的存活期很短，大多只有一个月左右。蜉蝣成虫的存活期较短，只有几个小时；白蚁成虫的存活期较长，白蚁蚁后能存活数年。

试着制作一个饲养箱

饲养箱是指用来观察或饲养某种动物的箱子。

准备好的饲养箱要放置在适合这种动物生存的环境里，比如要考虑选择温暖的还是凉爽的环境，潮湿的还是干燥的环境。还要注意规避该生物的天敌。

例如，菜粉蝶的饲养箱里要放置白菜叶，菜粉蝶的卵就可以依附在菜叶上。要有通风口，以维持良好的通风。要铺上湿润的棉花，以提供水分。菜粉蝶幼虫的食物是白菜等十字花科植物。

菜粉蝶的饲养箱

来看看蜘蛛

蜘蛛是身体分为头胸部和腹部，没有翅膀和触角的节肢动物。

蜘蛛头胸部旁有四对足，前部有一对触肢；眼睛为单眼，大部分生活在陆地，少数生活在水中；捕食苍蝇、蚊子、蟑螂等，对人类有益。

大型蜘蛛还会捕食小鸟、青蛙和鱼，它们先用毒牙麻醉捕获的猎物，然后用消化液分解猎物后食用。

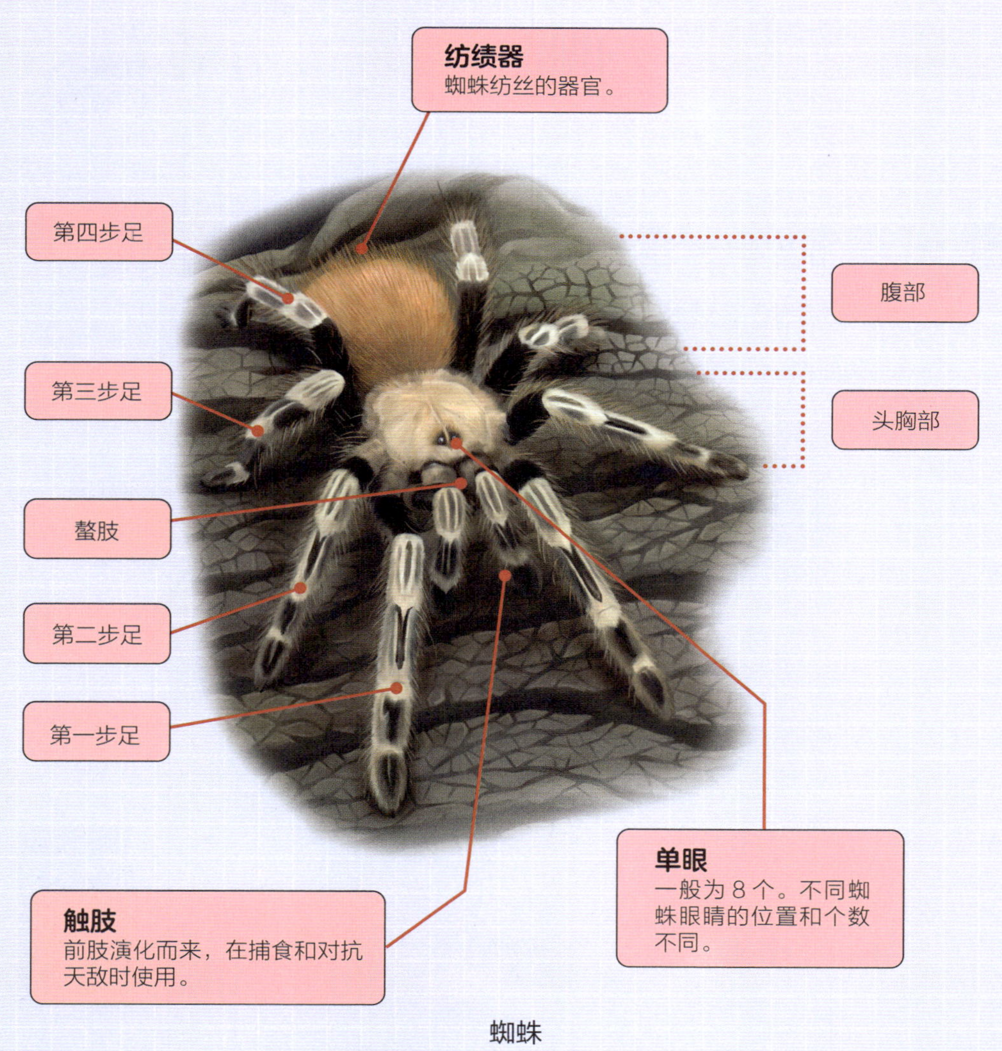

蜘蛛

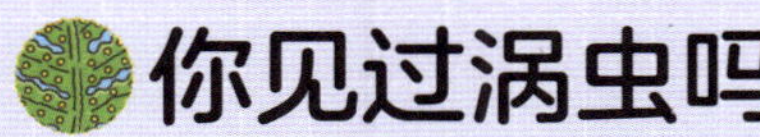

你见过涡虫吗

涡虫是一种小型生物，体长 1～1.5 cm，扁平细长，头部呈三角状。

涡虫经常在河流、湖泊的底部或石头上爬行。头部两侧有一对与眼睛功能类似的眼点。

涡虫以一些很小的动物的活体或尸体为食。涡虫没有肛门，不能消化的食物残渣仍由口排出。

涡虫具有很强的再生能力，即使将涡虫切成小块，每一块也都能重新长成新的涡虫个体。

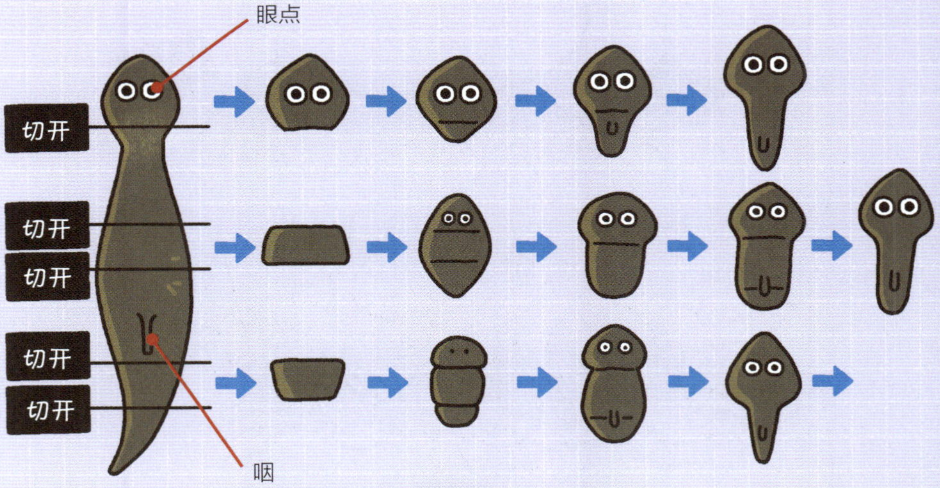

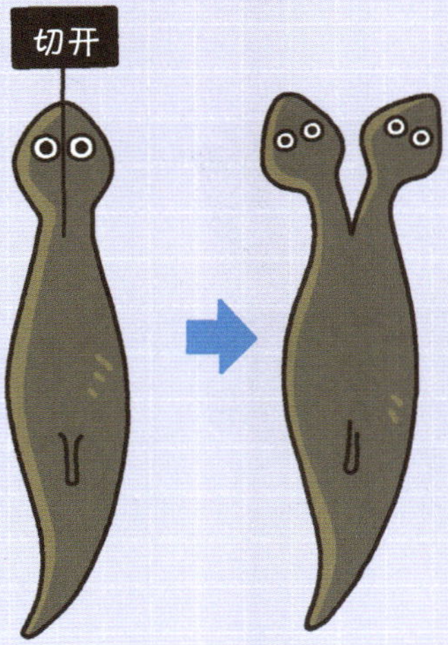

什么是软体动物

一种身体柔软的无脊椎动物，没有骨头且身体不分节。

软体动物是除节肢动物外种类最多的类群，它们的身体柔软，表面有外套膜，大多有贝壳，用足运动。

大部分软体动物生活在海洋里，少数生活在淡水里和陆地上。根据是否有外壳和足的形状，可将软体动物分为头足纲（头足类动物）、腹足纲（腹足类动物）、双壳纲（斧足类动物）等。

什么是头足纲动物

头部与躯体相连的软体动物。

头足纲动物是最为发达的软体动物，身体结构适合在水中游动。其身体由躯干、头部、足部三部分组成，左右对称。鱿鱼、章鱼、墨斗鱼、鹦鹉螺等都属于头足纲动物。

危急时，章鱼能从墨囊中喷出墨汁，使周围的海水变得浑浊，从而把自己藏起来。

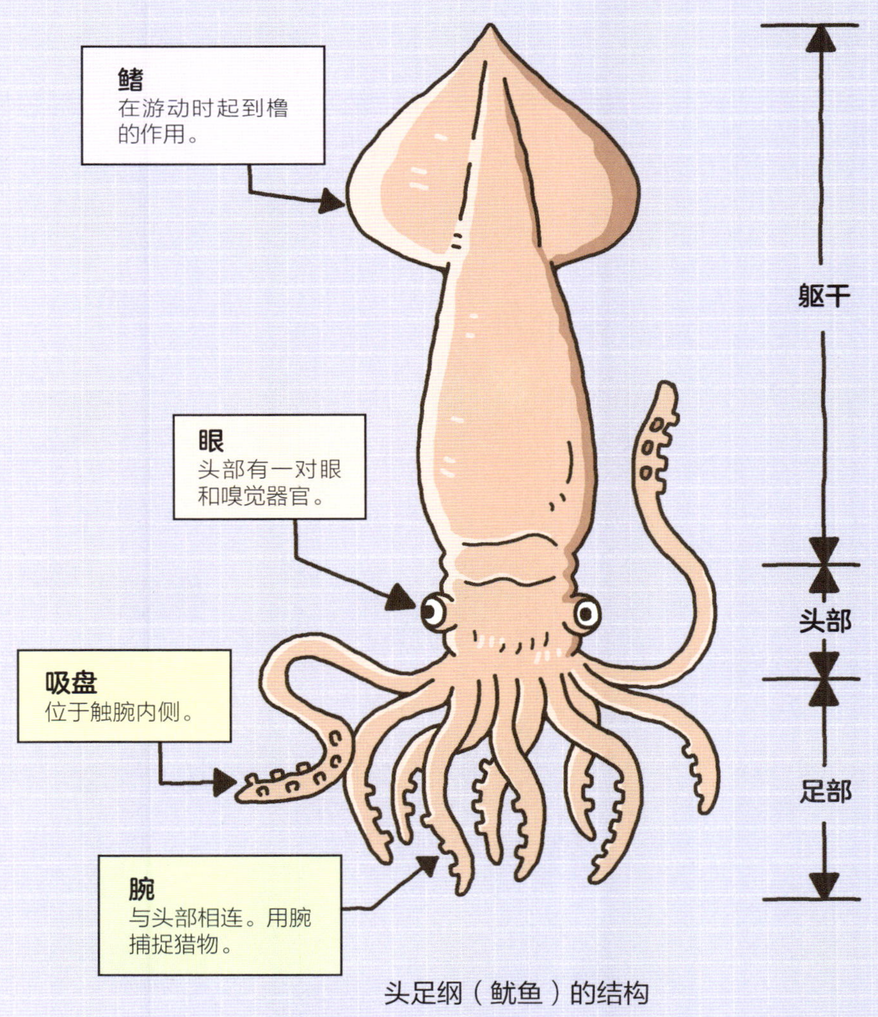

头足纲（鱿鱼）的结构

什么是腹足纲动物

用腹足来移动的软体动物。

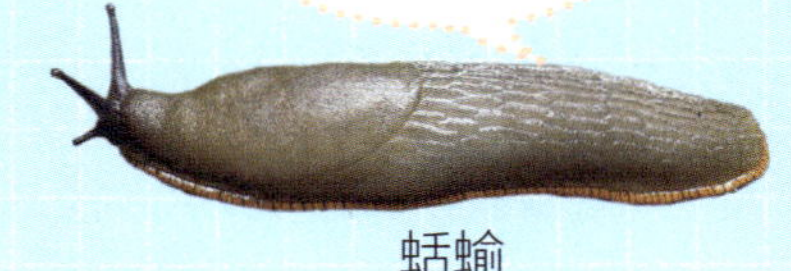

蛞蝓

我的外壳是螺旋状的。

海螺

幼体帽贝

腹足纲动物身体左右对称，头部有触角、眼、口。大多数腹足纲动物在海里生活，也有一些种类在淡水里或陆地上生活。大部分腹足纲动物有螺旋的壳，也有一部分没有外壳，或是外壳呈斗笠状。

腹足纲动物多数为草食性动物，偶见肉食性动物，是软体动物门种类最多的一纲，有海螺、蜗牛、川蜷、鲍鱼、蛞蝓等。

什么是双壳纲动物

有两片贝壳的软体动物。

双壳纲动物是完全水生的软体动物。两片贝壳通过绞合部连接在一起，能把身体包在里面。水流通过腮进出时，能利用水中的氧气进行呼吸作用，并获取水里的食物。代表性的双壳纲动物有文蛤、珍珠贝、扇贝、赤贝、泥蚶、生蚝等。

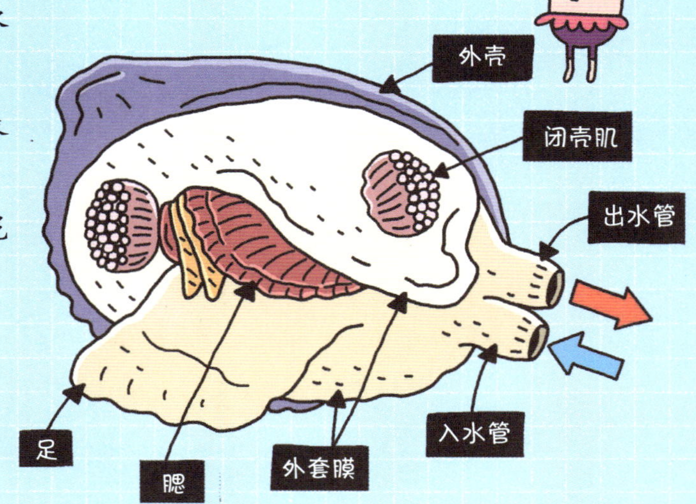

脊椎动物的分类

脊椎动物可分为鱼类、两栖动物、爬行动物、鸟类、哺乳动物等。

脊椎动物是动物中身体结构和功能复杂、生活方式多元、较为高等的一类动物。脊椎动物的体形一般左右对称，由头、躯干、尾组成。头部的头骨起到保护大脑的作用，头部前端为口，有眼、鼻、耳等感觉器官。

地球上的现存脊椎动物有4万余种，可分为哺乳动物、鸟类、爬行动物、两栖动物、鱼类等。

脊椎动物的分类

鱼儿，鱼儿，游啊游

鱼是在水中生活的脊椎动物，靠鳍游动，大部分是卵生繁殖。

鱼类是用鳃呼吸的变温动物，体温随周围环境的变化而变化。鱼类身上覆盖鳞片，身体呈流线型，在水中受到的阻力较小，利用鱼鳍游动。

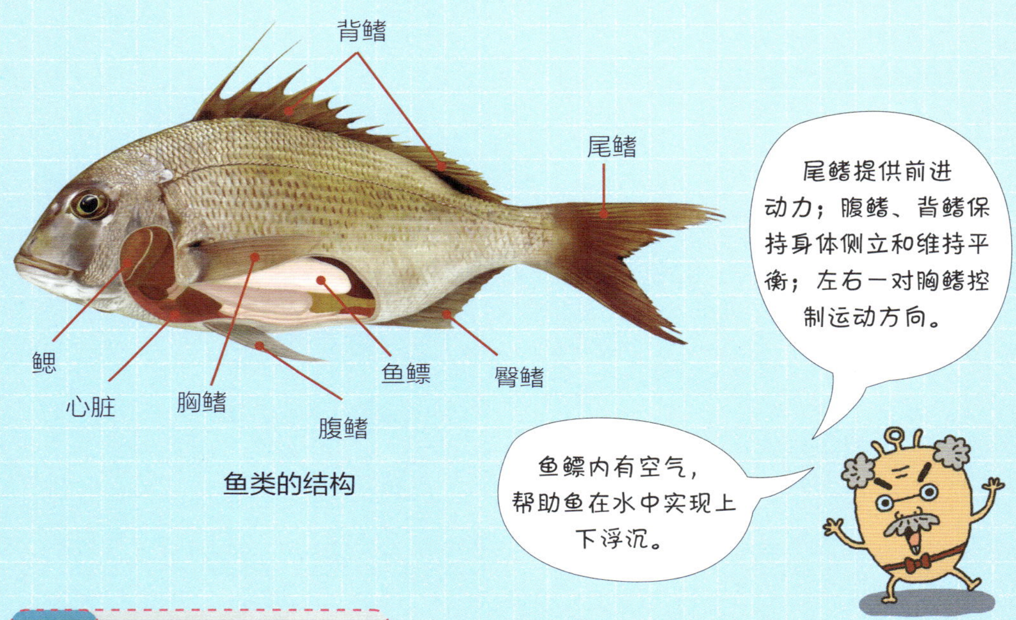

鱼类的结构

知识拓展 在水里生活的动物都是鱼类吗？

虽然鲸和海豚在海中生活，但它们的幼崽吃母乳长大。它们用肺呼吸，呼吸时浮出水面。因此鲸和海豚属于哺乳动物。但与它们外形相似的鲨鱼属于鱼类。

海豚

你知道哪些动物是两栖动物吗

两栖动物是水陆两栖的脊椎动物。

两栖动物的幼体用鳃呼吸，在水中生活。成体一般用肺呼吸，皮肤可辅助呼吸，水陆两栖，因此被称为两栖动物。两栖动物体表光滑，没有毛发或鳞片，皮肤经常是湿漉漉的。两栖动物产卵繁殖，体温随周围环境变化而变化，幼体和成体的形态、生长环境截然不同。青蛙、蟾蜍、北方狭口蛙、蝾螈等都属于两栖动物。

蝌蚪： 生活在水中，用鳃呼吸。

青蛙： 水陆两栖，用肺呼吸，皮肤可辅助呼吸。

蝌蚪和青蛙的对比

来看看爬行动物

爬行动物是披覆鳞片或硬质皮肤的脊椎动物。

鳄鱼、乌龟、蜥蜴、蛇等爬行动物用肺呼吸，体温随周围环境的变化而变化，产卵繁殖。因为体表覆盖鳞片或坚硬的皮肤，所以体内的水分不会流失到体外，可以在沙漠等干旱地区生存。

爬行动物一般有两对五出的掌型肢。四肢长在身体两侧，爬行时腹部几乎贴在地上。蛇的四肢已经退化消失。生活在地质时期中生代的恐龙也属于爬行动物。

你对恐龙的了解有多少

恐龙是出现在中生代的一类爬行动物的统称。

根据骨盆的构造不同，恐龙可以划分为鸟臀类和蜥臀类两类。鸟臀类的骨盆结构与鸟类相似，蜥臀类的骨盆结构则与爬行动物相似。蜥臀类包括霸王龙、异特龙、斑龙等，鸟臀类则包括鸟脚类、剑龙类、甲龙类、角龙类和肿头龙类等。

恐龙主要生活在中生代，已于约6600万年前灭绝。关于恐龙灭绝的原因有很多猜想，一说直径大约10 km的陨石撞击地球，导致灰尘四起，遮挡太阳，影响了植物的光合作用，恐龙的食物减少，最终灭亡。除此之外，还有海洋退潮说、大规模火山爆发说等猜想。

知识拓展　翼龙和鱼龙都是恐龙吗？

生活在中生代的爬行动物根据栖息地的不同，可分为陆地上的恐龙、海中的鱼龙和空中的翼龙。“翼龙是会飞的恐龙”和“鱼龙是会游泳的恐龙”都是错误的说法。

知识拓展 具有代表性的恐龙

霸王龙

肉食恐龙的代表，凶猛残暴。虽然在肉食恐龙中，霸王龙体形不是最大的，但是力气非常大。霸王龙的头部大，强有力的双颚中，长满了边缘有锯齿的牙齿。霸王龙的咬合力非常强，能够撕碎肌肉，压碎骨头。

三角龙

草食性恐龙，鼻孔上方有一个角状物，另有一对角。头颅后方有超过 2.5 m 长的头盾。一般认为角和头盾是三角龙用来抵抗掠食者的武器，也用于求偶时与其他雄性竞争。

迷惑龙

四肢行走、性格温和的草食性恐龙。体形大，颈部又粗又长，四肢大且直，尾部细长，呈鞭状。

剑龙

剑龙脊背上的板片交错排列，用于抵御敌人，还具有控制体温的作用，就像汽车的散热片一样，能散发掉体内多余的热量。剑龙是草食性动物，牙齿较小。

鸟儿都会飞翔吗

鸟类是指披覆羽毛，具有喙和翅膀的脊椎动物。

大部分鸟类可以依靠翅膀在空中飞翔，但也有一些例外，比如，企鹅在水里用翅膀游泳；鸵鸟的翅膀已经退化，无法飞翔。

鸟类有两条腿，不同鸟类的腿发挥着不同的作用，有的用腿在树上栖息，还有的用腿游泳、捕食。鸟类没有汗腺，但有尾脂腺。鸟类经常用喙将尾脂腺分泌的油脂涂在羽毛上，使羽毛光润防水。

鸟类是恒温动物，体温不会随着环境温度的变化而变化。鸟类通过肺呼吸。所有鸟类都是卵生动物。

鸟类适应飞翔的特征

什么是孵化

孵化是卵中的幼体破壳而出的过程。

孵化的方式可以分成两种，一种是让蛋壳破裂，一种是让蛋壳融化。鸟类、爬行动物、昆虫的幼体都是通过卵齿从蛋壳内部将壳啄破，孵化之后卵齿就会消失。

鱼类和两栖动物的幼体则通过分泌孵化酶让卵膜融化。

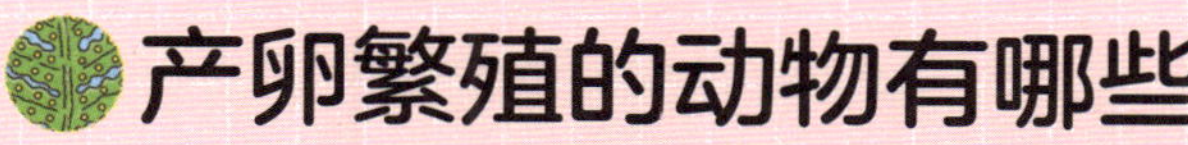

产卵繁殖的动物有哪些

卵生是指动物的受精卵在母体外发育成新个体。

幼体在破壳前依靠卵内的营养物质生长，待时机成熟后破卵而出。由于鸟类需要照看雏鸟，因而产卵较少。昆虫、青蛙、乌龟等动物的幼体从卵中出来后能够独立生活，因此这些动物一次会产很多卵。

产卵繁殖的有昆虫、鱼类、两栖动物、爬行动物、鸟类等。

什么是胎生

母亲在体内孕育受精卵至发育为胎儿才产出的过程。

哺乳动物的胚胎在雌性的子宫内发育，通过胎盘和脐带吸取母体供给的营养物质和氧，并把代谢废物通过母体排出体外。幼崽出生后的外形与母体相似，食用母乳成长。

牛、马、猪、狗等动物的胎儿在母体内发育得较为完全，幼崽出生后不久就能行走，而袋鼠等动物的幼崽出生时还未发育成熟。

什么是哺乳动物

哺乳动物是用母乳喂养幼崽的脊椎动物。

狗、猫、牛、鹿、虎等哺乳动物全身披覆皮毛，用肺呼吸；体温恒定，不易受环境温度影响。哺乳动物大部分生活在陆地上，极少数生活在海洋里（如鲸），也有一些能够飞行（如蝙蝠）。人类也是哺乳动物。

你知道哪些有袋类动物

有袋类动物是指有“育儿袋”的原始哺乳动物。

有袋类动物中的雌性腹部有由皮肤褶皱形成的袋状囊，里面有乳头，这种袋状囊被称为育儿袋。幼崽在没有发育成熟的情况下出生，在母亲的育儿袋里吃母乳长大。

有袋类动物有袋鼠、树袋熊、囊鼠、袋狼等，大多生活在澳大利亚以及附近岛屿，在美洲也有分布。

刚出生的袋鼠通常身长1~1.5 cm，约重1 g，幼小虚弱。图中的这只小袋鼠，已经长大了很多。

囊鼠

树袋熊

袋鼠

4 人体

什么是器官

器官是多种组织构成的行使特定功能的结构。

人类的器官有感觉器官（眼、鼻、嘴等），消化器官（胃、小肠等），循环器官（心脏、血管等），呼吸器官（鼻子、肺等），排泄器官（肾、膀胱等）等。

植物的器官有营养器官（根、茎、叶等）、生殖器官（花、果实等）。各器官之间关系密切。

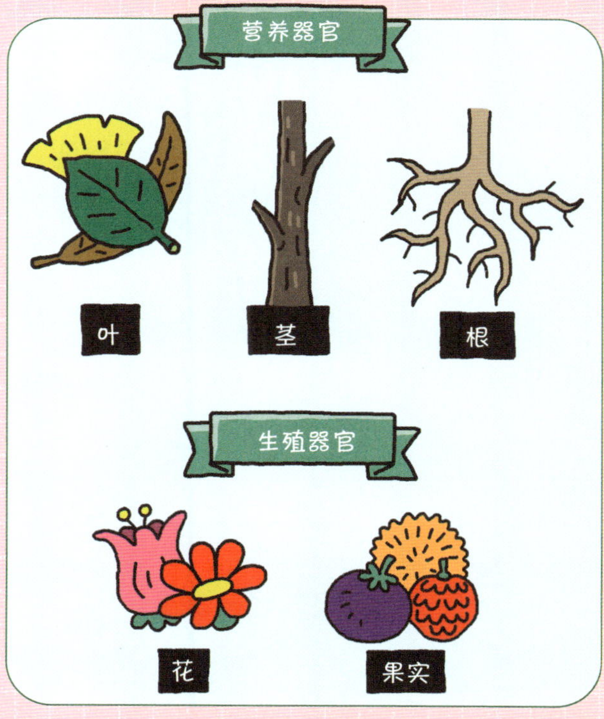

植物的部分器官

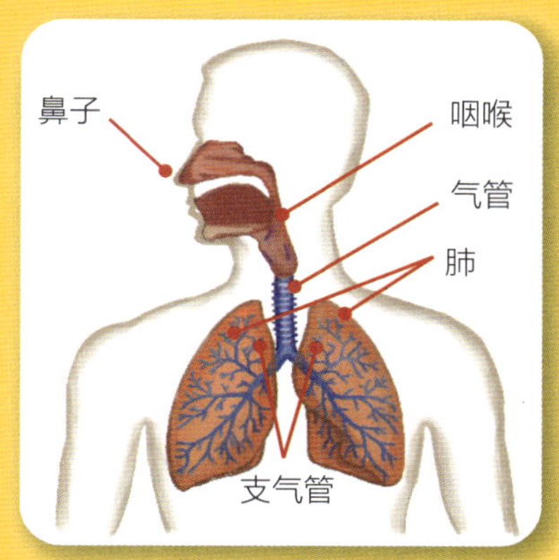

呼吸器官

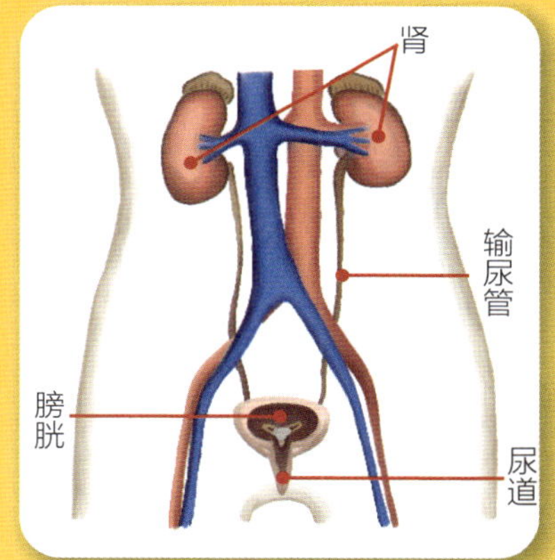

排泄器官

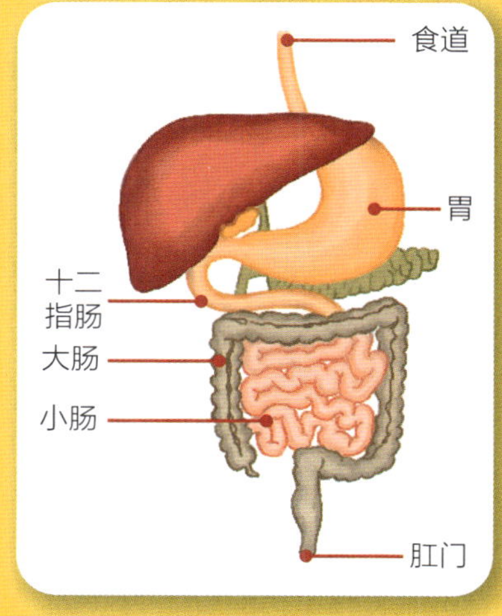

消化器官

人体的部分器官

什么是循环器官

人和脊椎动物输送血液和淋巴液的器官。

心脏和血管都是循环器官。血管分为动脉、静脉和毛细血管三种。通过血液循环，人体摄取的营养物质和氧气可以被运送到身体的各个部位，体内产生的代谢废物也可以被运送到排泄器官。

人的心脏有多大

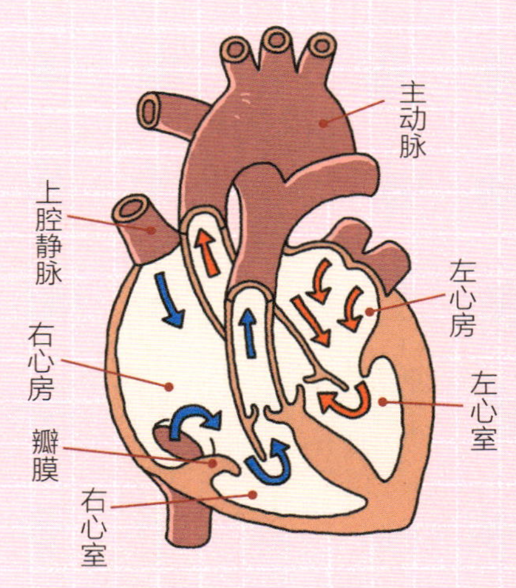

心脏是为血液提供动力，将血液运送至全身的器官。

人的心脏和自己的拳头大小相似，位于胸腔的偏左侧。心脏由肥厚的肌肉组成，不断地舒张、收缩。血液先进入心房，然后从心室泵出，心房和心室之间由瓣膜连接，瓣膜的作用是防止血液倒流。不同的动物，心脏结构也不相同。

知识拓展　心·脏搏动和脉搏

心脏收缩和舒张的周期循环叫作搏动。正是因为有心脏搏动，血液才能够顺利循环。心脏搏动的次数因人而异，也与身体状况和年龄有关。一个健康的成年人，一分钟的心脏搏动次数约为 75 次。

每次心脏搏动时，血液都会被泵出到动脉。因此动脉也会产生周期性的舒张和收缩。这种振动会按照一定的速度传到动脉壁，这就是我们平常所说的脉搏。脉搏是因为心脏搏动而产生的，所以脉搏数与心脏搏动的次数一致。

血管的分类

血管是血液流动的通道，包括动脉、静脉和毛细血管。

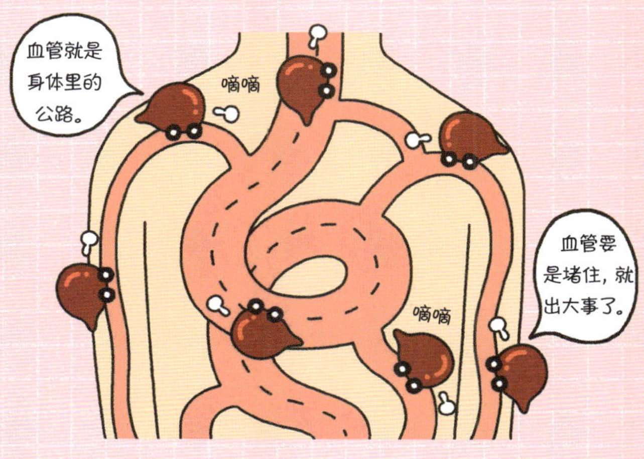

心脏泵出的血液都在血管中流动，血管分为动脉、静脉和毛细血管三种。从心脏出发的血液流经的是动脉，流回心脏的血液流经的是静脉，而网状的毛细血管遍布全身，连接了动脉和静脉。

由于从心脏泵出的血液压力较大，所以动脉壁厚而有弹性。静脉壁则相对较薄，弹性较弱。由于静脉血压较低，所以为了防止血液逆流，静脉中有瓣膜。

毛细血管的数量最多，分部最广，管壁非常薄，管内血流速度慢，物质交换活跃。

来看看瓣膜

瓣膜是防止血液倒流的膜状结构。

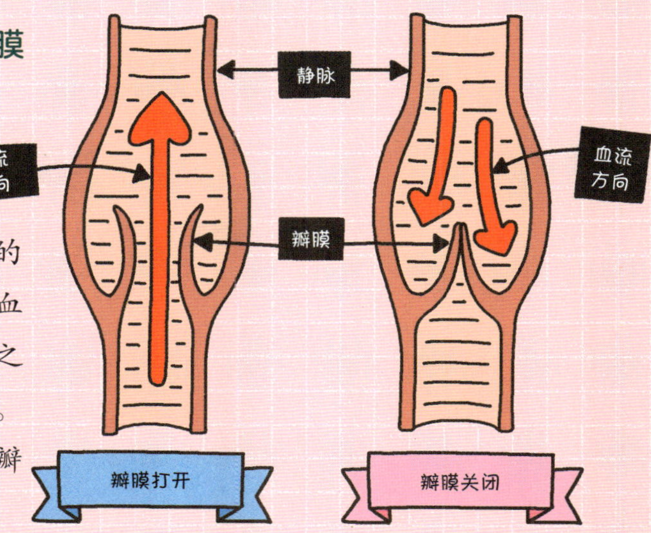

因为有了心脏的收缩和舒张，血液才会不断循环。瓣膜的作用就是让心脏里的血液只向一个方向流动，防止血液倒流。心脏的心房和心室之间、心室和动脉之间都有瓣膜。

在血压较低的静脉中也有瓣膜来防止血液的倒流。

什么是动脉

动脉是把血液从心脏送到身体各部分的血管。

心脏需要用很大的压力将血液输送到全身，因此动脉管壁厚实且富有弹性，能够承受住压力。动脉可以分为血液从心脏流向全身的主动脉，以及血液从心脏流向肺的肺动脉。

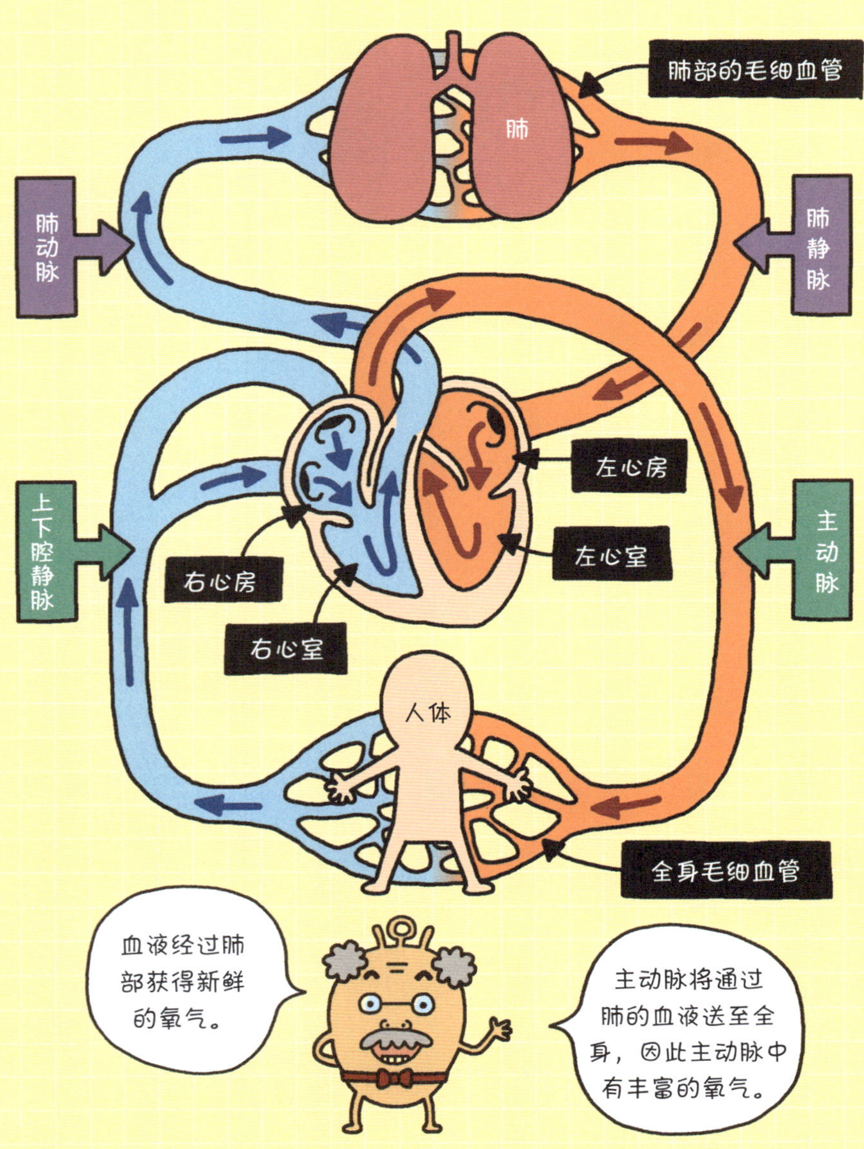

什么是静脉

静脉是让血液回流到心脏的血管。

静脉离左心室较远，血管壁所受的压力较小，血压低，血液流动速度较慢。在四肢静脉内有静脉瓣，能防止血液倒流。与同样粗细的动脉相比，静脉血管壁较薄，弹性也较弱。

静脉可以分为从肺部流入心脏的肺静脉和从全身流入心脏的上下腔静脉。

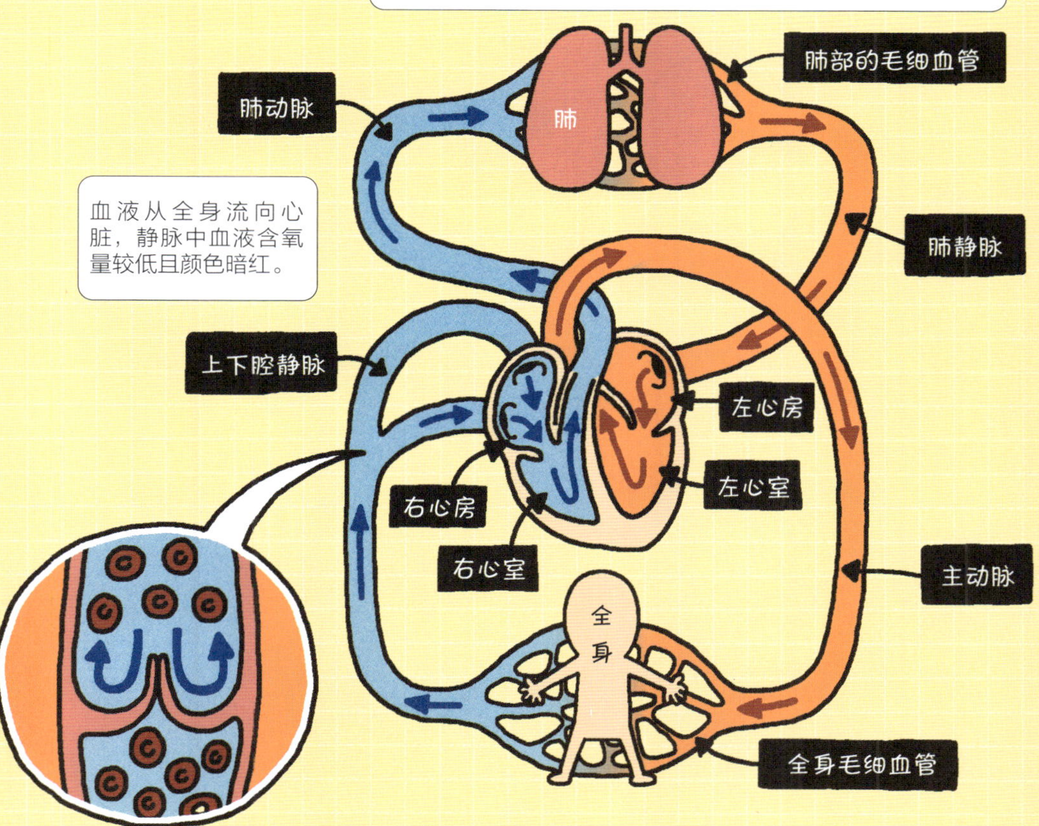

血液由什么组成

血液是血管里流动的红色液体。

血液负责把肺里的氧气和消化器官吸收的营养物质运输到全身，然后把全身产生的废物及时运走。

血液由红细胞、白细胞、血小板和血浆组成。

红细胞负责运输氧气，因为富含血红蛋白，所以红细胞呈红色；白细胞负责吞噬细菌；血小板则负责在受伤时让伤口处的血液凝固；血浆的成分主要是水，负责运输营养物质和代谢废物，还可以调节体温。一个正常成人的血液总量约占体重的十三分之一。

知识拓展 血液循环

心脏的周期性搏动让全身的血液都按照一定的方向循环流动，血液循环可以分为肺循环和体循环两类。血液在不到一分钟的时间里就能够完成一次体循环和一次肺循环。

· 肺循环：血液的循环途径为右心室→肺动脉→肺→肺静脉→左心房。从右心室出发的血液在肺部排出二氧化碳，吸收氧气，然后回到左心房。

· 体循环：血液的循环途径为左心室→主动脉→全身→上下腔静脉→右心房。从左心室出发的血液流经全身，为细胞输送氧气和营养物质，并带走二氧化碳等代谢废物，然后回到右心房。

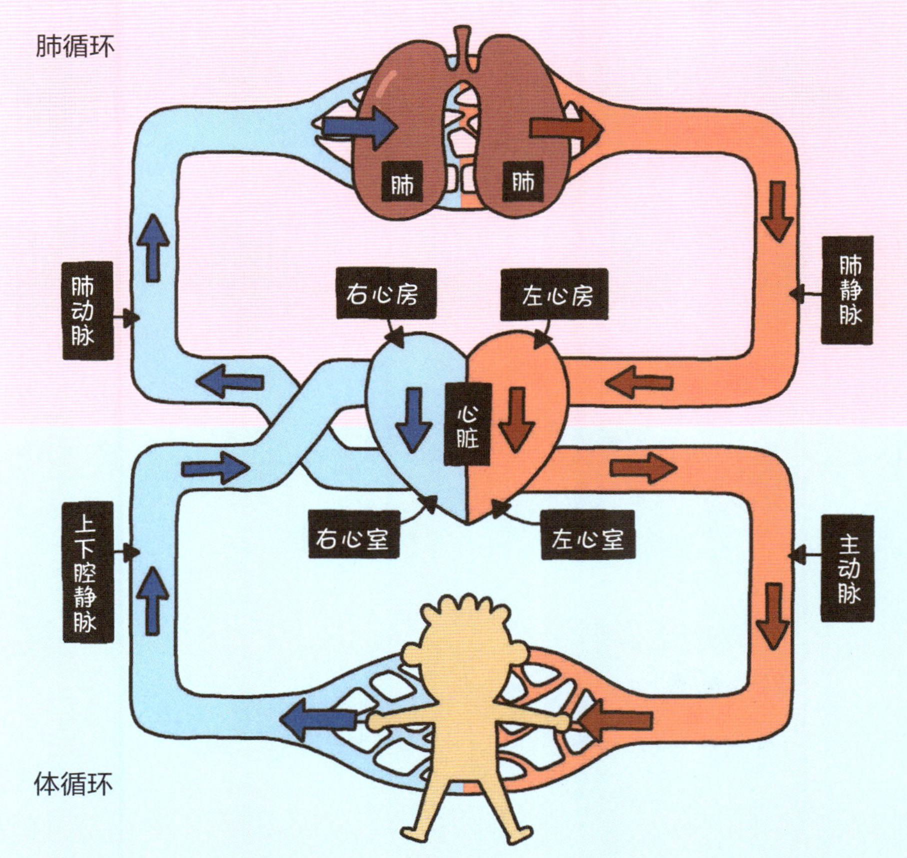

食物在身体中的旅行

消化是将食物在消化道内分解成可以被细胞吸收的物质的过程。

动物需要从外界的食物中获取一些生存必需的营养物质，但食物中的淀粉、蛋白质和脂肪等大分子有机物，无法直接被机体吸收。为了能够吸收营养物质，必须先将它们分解成小分子的有机物。与消化过程相关的器官就叫作消化器官。食物在消化过程中要先后经过口腔、咽、食道、胃、十二指肠、小肠、大肠和肛门。

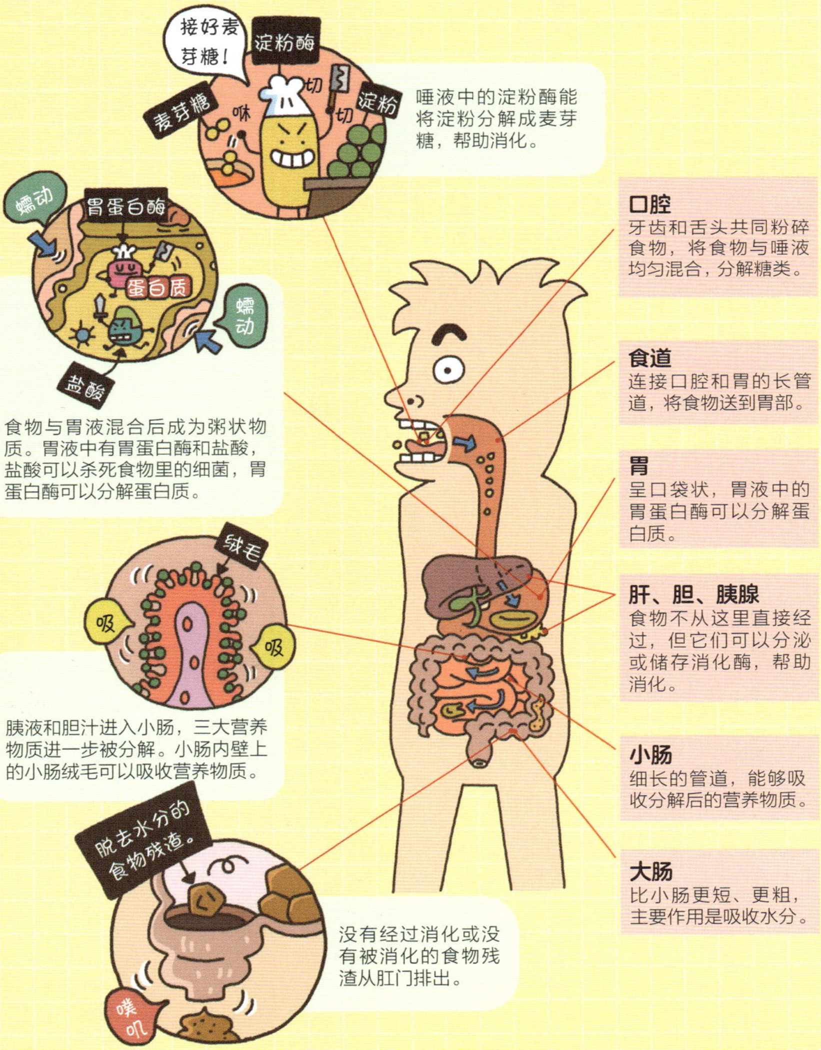

接好麦芽糖！
淀粉酶
麦芽糖
咻
切
切
淀粉

唾液中的淀粉酶能将淀粉分解成麦芽糖，帮助消化。

蠕动
胃蛋白酶
蛋白质
蠕动
盐酸

食物与胃液混合后成为粥状物质。胃液中有胃蛋白酶和盐酸，盐酸可以杀死食物里的细菌，胃蛋白酶可以分解蛋白质。

绒毛
吸
吸

胰液和胆汁进入小肠，三大营养物质进一步被分解。小肠内壁上的小肠绒毛可以吸收营养物质。

脱去水分的食物残渣。
噗叽

没有经过消化或没有被消化的食物残渣从肛门排出。

口腔
牙齿和舌头共同粉碎食物，将食物与唾液均匀混合，分解糖类。

食道
连接口腔和胃的长管道，将食物送到胃部。

胃
呈口袋状，胃液中的胃蛋白酶可以分解蛋白质。

肝、胆、胰腺
食物不从这里直接经过，但它们可以分泌或储存消化酶，帮助消化。

小肠
细长的管道，能够吸收分解后的营养物质。

大肠
比小肠更短、更粗，主要作用是吸收水分。

胃有什么作用

胃是通过蠕动搅磨食物的消化器官。

胃介于食道和小肠之间，由厚实的肌肉组成，成人可储存约1.5 L的食物。

食物经过食道进入胃里，胃不停地收缩和蠕动，食物就和胃液混合形成粥状物。

胃液中的蛋白酶能初步分解蛋白质；胃液中的盐酸能帮助蛋白质分解，还能杀死随着食物进入胃里的细菌。

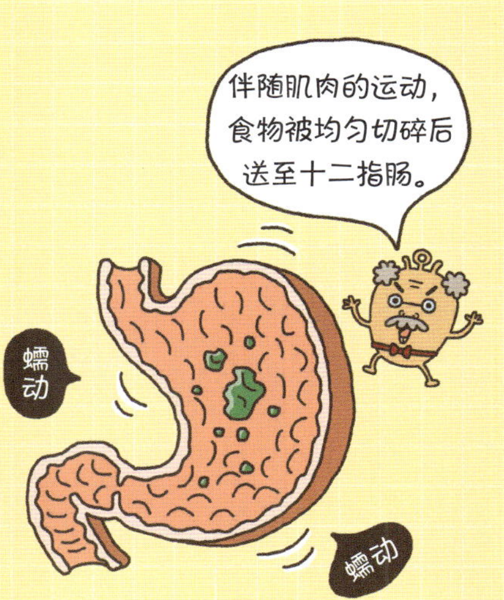

你知道胰腺的位置吗

胰腺位于胃后侧的消化腺，分泌的胰液流入十二指肠。

胰腺又名胰脏，能够制造弱碱性的胰液，胰液流入十二指肠。

胰液可以中和呈酸性的胃液，也有助于食物消化。胰液中含有的消化酶能分解糖类、蛋白质和脂肪。胰腺分泌的胰岛素能使生物体内的葡萄糖浓度保持稳定。

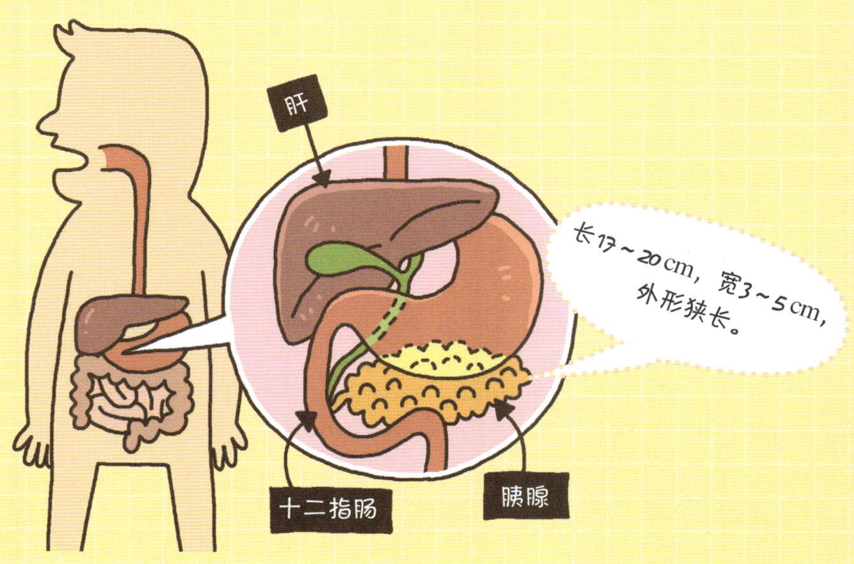

肠有什么作用

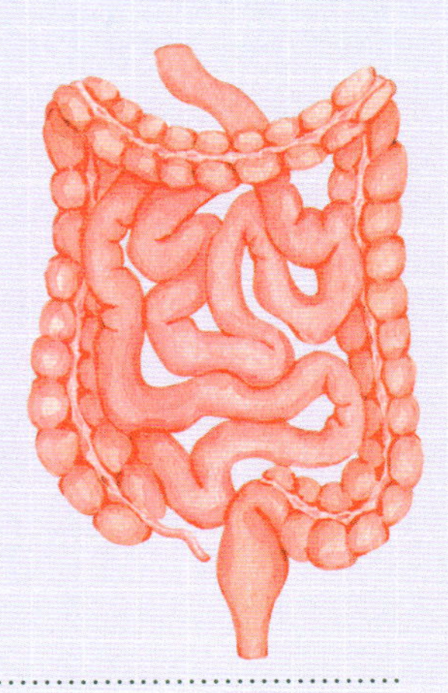

肠是负责消化、吸收、排泄的器官。

哺乳动物的肠主要包括小肠和大肠。营养物质会透过小肠绒毛进入绒毛腔内的毛细血管，随着血液被运往全身。之后小肠将剩余物推入大肠，大肠吸收其中的一部分水、矿物质和维生素，剩余的残渣就形成了粪便。大肠将粪便推向直肠，通过肛门排出人体。

肝有什么作用

肝是具有分泌胆汁、解毒等生理功能的器官。

人类的肝位于腹部右上方，呈红褐色。成人肝的质量为1~1.5 kg，大小相当于两个手掌合在一起那么大。

肝是人体内最大的实质性器官。肝不直接参与消化，但分泌的胆汁能分解脂肪，从而促进消化。肝内有铁、铜、维生素B_{12}等参加造血的物质，所以能间接参与造血。

肝的再生和修复能力很强。动物实验表明，切除正常肝的70%左右，肝可正常维持生理功能，并且在一个多月后就能恢复生长到原来的大小。但一般认为，人体恢复的时间大约为1年。

肝脏位于右肋部，在横膈膜的下面。

空腔器官是指胃、肠、膀胱等内部含有大量空间的器官。实质性器官不同于空腔器官，实质性器官是指没有内部空间的一类器官，它们内部有实质的结构。

什么是小肠绒毛

小肠绒毛是指小肠内壁上的绒毛状突起。

成年人的小肠长度为5～6 m。小肠的内壁上有大量的皱襞，皱襞的表面有很多绒毛状突起，这种绒毛状突起就是小肠绒毛。如果将所有小肠绒毛展开铺平，其面积接近半个篮球场的大小。所以说，小肠绒毛与营养物质的接触面积非常大，可以有效吸收营养物质。

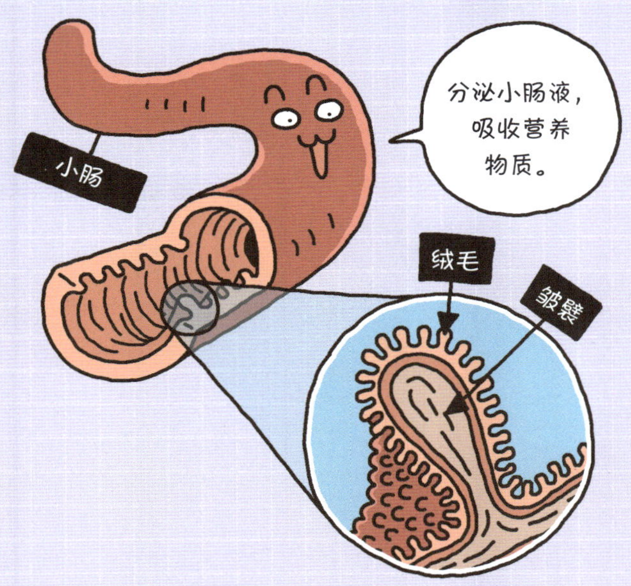

什么是胆囊

胆囊是储藏肝生产的胆汁的囊状器官。

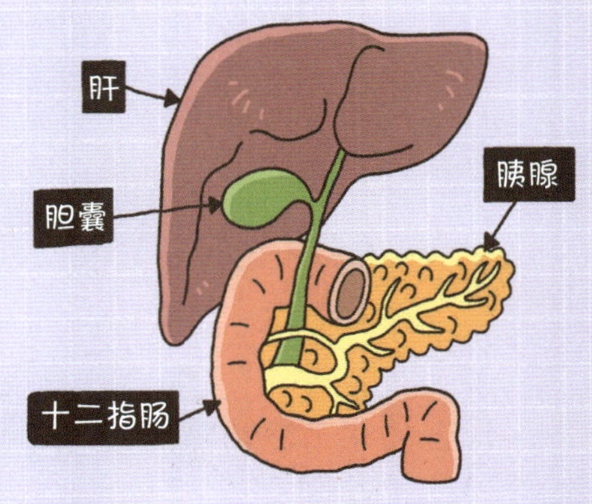

胆囊位于肝的下方，具有储存胆汁的功能。

当我们吃进食物时，胆囊会把胆汁排到十二指肠。虽然胆汁不含消化酶，但可以将脂肪乳化成脂肪颗粒，增加脂肪和消化酶之间的接触面积，利于消化。

呃，你知道什么是排泄吗

排泄是将体内的代谢废物排出体外的过程。

营养物质在被人体利用后会生成水、二氧化碳、尿素等代谢废物。

大部分的二氧化碳会通过肺排出体外。

人体需要的水会被再次吸收利用，而超过人体所需的水分则会和尿素一起形成尿液。尿液从肾脏中排出，经过输尿管、膀胱、尿道，最终被排出体外。

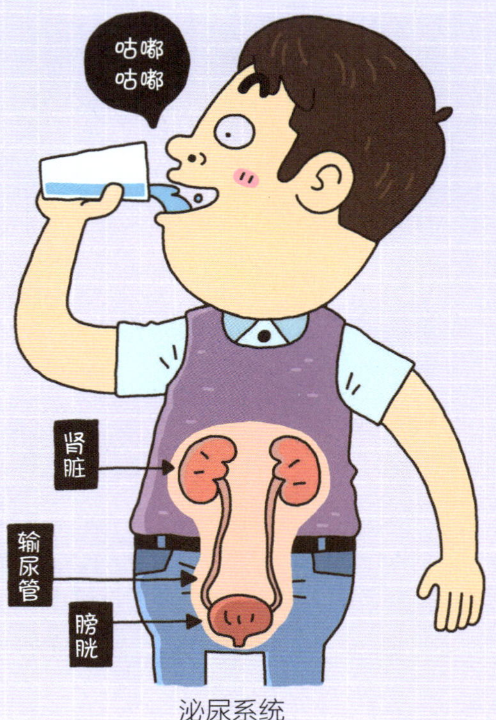

泌尿系统

常见误区 尿液、粪便都是排泄物吗？

尿液与汗液的成分相似，都是排泄物，只是生成的场所不同。而粪便是没能被消化的食物残渣，并不是严格意义上的排泄物。也就是说排尿是排泄，而排便是排遗。

来看看肾脏

肾脏是将体内的代谢废物变成尿液并排泄出去的器官。

肾脏位于腰部后侧的两边，大小与拳头相似，颜色是像红豆一样的深红色。肾脏能够将我们体内的代谢废物转化成尿液排出去，让血液保持干净。

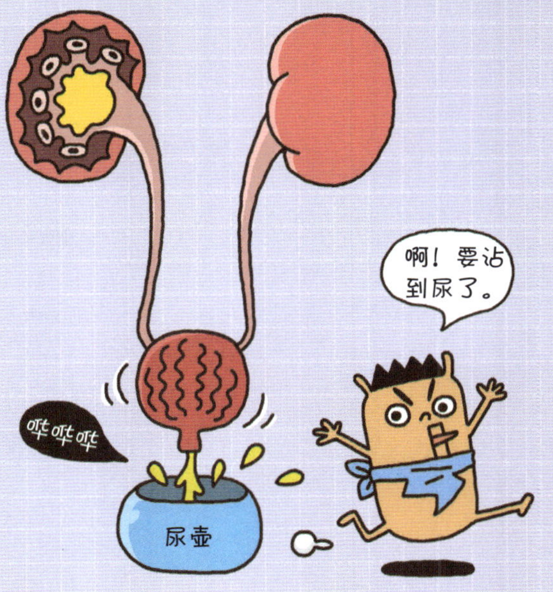

人为什么要流汗

汗腺是将汗液排出体外的部位。

汗腺产生的汗流到体外，汗在蒸发的过程中带走热量，阻止体温上升。汗液99%都是水，只有少量的尿素和无机盐等。虽然汗液与尿液的成分相似，但尿素、无机盐等的浓度却比尿液低很多。

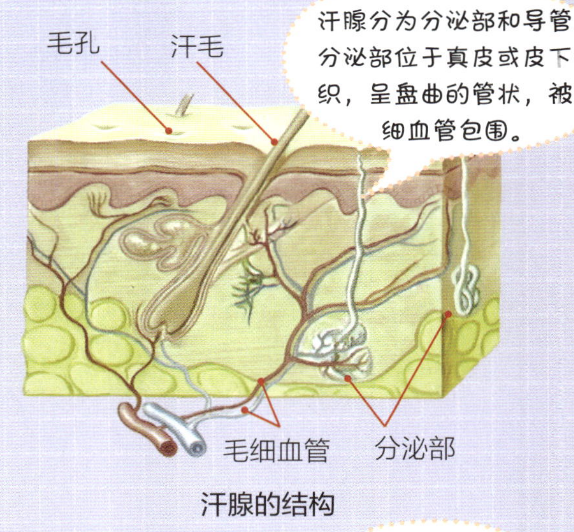

汗腺的结构

正常成年人每天分泌的汗液量为500～700 mL，在盛夏进行体力劳动时，可能会分泌近10 L的汗液。

什么是营养物质

营养物质是指从食物中获取的维持生命和健康的物质。

营养物质包括脂肪、蛋白质、糖类、无机盐、维生素、水等。

糖类、蛋白质和脂肪是组成细胞的主要有机物，可以转化为能量，被称为三大营养物质。尽管人体所需的无机盐和维生素量很少，但它们在调节生命活动方面，起着重要的作用。

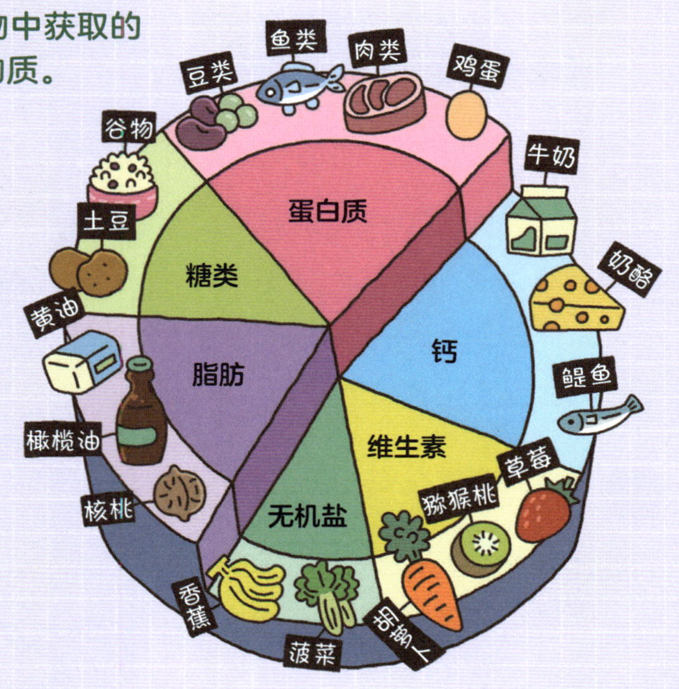

什么是糖类

糖类是由碳、氢、氧组成的化合物，是生物体的组成物质，能为生物提供能量。

植物可以在叶绿体中利用二氧化碳、水、阳光进行光合作用，生成糖类。

糖类的种类非常丰富，淀粉、葡萄糖、麦芽糖等都是糖类。大米、小麦、苹果、梨、香蕉、土豆、红薯、白砂糖、蜂蜜、麦芽中也含有丰富的糖类。

糖类能作为能量使用，多余的糖类会变成脂肪，储存在体内，这也是造成肥胖的原因之一。

葡萄糖有什么作用

葡萄糖是自然界分布最广泛的单糖，呈白色，带甜味。

葡萄糖、蔗糖和淀粉都属于糖类。植物可以通过光合作用生成糖类，蜂蜜、水果中含有大量葡萄糖。

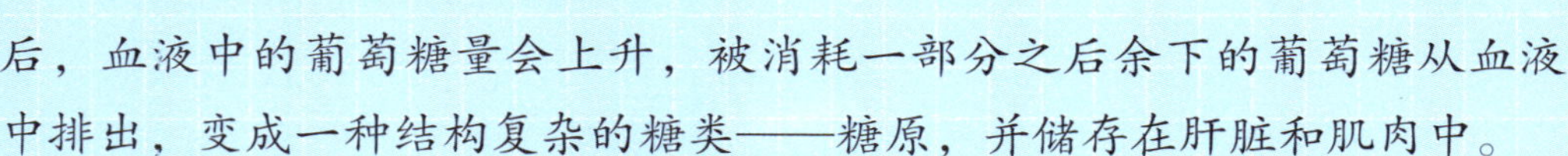

食用含有丰富糖类的食物后，血液中的葡萄糖量会上升，被消耗一部分之后余下的葡萄糖从血液中排出，变成一种结构复杂的糖类——糖原，并储存在肝脏和肌肉中。

葡萄糖是可以被人体在最短的时间内转换成能量的物质，所以医护人员会根据病人的情况，给病人注射葡萄糖。

什么是坏血病

坏血病是因缺乏维生素C引发器官出血的疾病。

坏血病是由人体缺乏维生素C所引起的疾病。维生素C摄入不足、肠道吸收效果不好、细菌感染都会导致维生素C的缺失。得坏血病后，病人会食欲下降、全身乏力，还会出现牙龈或皮肤出血，甚至会出现肌肉、骨头、内脏出血等症状。

摄取富含维生素C的食物或营养品，可以预防和治疗坏血病。

能够预防坏血病的水果

验证植物叶子中的淀粉的小实验

有机物（如淀粉）是植物光合作用合成的营养物质。

淀粉是糖类中的一种。植物光合作用产生的淀粉储存在种子、根、茎、果实中。玉米、小麦、大米、大麦等谷物中的淀粉含量较多，地瓜、土豆、葛根、香蕉等也含有较多淀粉。食物中的淀粉能为人类生存提供所需的能量。

土豆淀粉

知识拓展 验证植物叶子中的淀粉

1. 找来一盆绿色植物，先在黑暗处放置 24 h，然后用铝箔包裹其中一片叶子的上下两面，然后让该株植物充分接受阳光照射。

2. 剪下叶片，将叶片放在酒精中，水浴加热。注意：酒精只能水浴加热，否则会发生危险！

3. 向叶片滴加卢戈氏碘液，观察颜色的变化。

铝箔

酒精

水

卢戈氏碘液

未用铝箔遮盖的叶子，由于进行光合作用合成淀粉，因此颜色发生变化。

碘液和淀粉反应变蓝。

用铝箔遮盖的叶子由于无法进行光合作用，因此颜色不变。

要多吃富含蛋白质的食物哦

蛋白质是身体的组成物质，由氨基酸组成。

蛋白质、糖类和脂肪合称三大营养物质，是组成细胞的主要有机物，为生命活动提供能量。蛋白质是建造和修复身体的重要原料，我们身体的生长发育，以及受损细胞的修复更新，都离不了蛋白质。

蛋白质由氨基酸组成，人体需要20种氨基酸，有一部分可以由人体合成，其他只能通过食物摄取。

富含蛋白质的食物

脂肪有哪些作用

脂肪是与糖类、蛋白质并列为三大营养物质，是人类体内重要的能量来源。

1 g的脂肪可以释放出约39 kJ的能量。多余的脂肪会堆积在体内，有利于维持体温。另外，脂肪还可以缓冲外界的冲击，保护身体。脂肪能够长时间留在肠胃中，因此可以产生饱腹感。脂肪会让食物有一种特别的味道和香味，让冰激凌、蛋糕等食物变得柔软。但如果体内堆积的脂肪过多，会导致肥胖，威胁身体健康。

动物性脂肪和植物性脂肪

蔬菜里含有丰富的维生素

维生素虽然不是构成细胞的主要原料，也不能提供能量，但却是维持生命活动必需的营养成分。

维生素可以分成水溶性维生素和脂溶性维生素两类。B族维生素和维生素C是水溶性维生素，维生素A、维生素D、维生素E等是脂溶性维生素。

人体对维生素的需求量不多，但缺乏维生素会引发疾病。大多数维生素不能在体内生成，需要通过吃食物来摄取。过量的水溶性维生素会随尿液排出体外，过量的脂溶性维生素则会变成脂肪堆积在体内。水果和蔬菜里都含有丰富的维生素。

什么是无机盐

无机盐是指除碳、氢、氧之外的生物体的构成元素。

铁、钙、碘、磷都属于无机盐元素。虽然它们不能提供能量，却是机体的组成部分，并调节各种生命活动。

无机盐又叫作无机物或矿物质，主要以溶于水的形式被机体吸收。人体必须通过食物摄取无机盐，虽然需要的量较少，但如果摄取不足就会导致一些疾病。无机盐与蛋白质、脂肪、糖类、维生素、水统称为六大营养物质。

什么是碘

碘是自然界带有紫色金属光泽的晶体。

1811年法国的库特瓦首次发现了碘，并发现海藻类中植物碘的含量较高。

碘是人类甲状腺激素的组成成分之一。甲状腺激素能够调节身体的基础代谢，所以我们需要摄取适量的碘。

碘的晶体

含碘量较高的海带

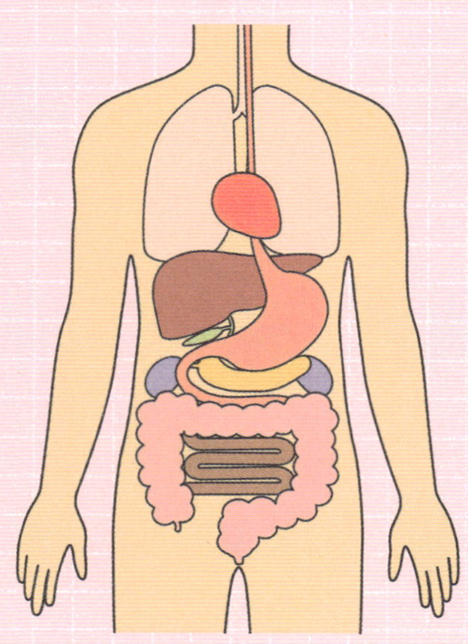

什么是系统

系统是具有特定功能的器官的集合。

共同完成一种或多种生理功能的多个器官，按照一定的顺序组合在一起就构成了系统，这些系统共同构成了生物体。人体有消化系统、循环系统、呼吸系统、排泄系统、运动系统、神经系统、生殖系统等。

呼吸有什么作用

呼吸是指生物呼气、吸气的过程。

呼吸可以分为外呼吸、气体的血液运输和内呼吸三类。

外呼吸是指吸入氧气，呼出二氧化碳，肺部肺泡和毛细血管之间交换氧气和二氧化碳的过程。人体的呼吸系统由鼻、咽、喉、气管、支气管和肺组成。

气体的血液运输是衔接外呼吸与内呼吸的中间环节，由循环血液将氧气从肺运输到组织细胞和将二氧化碳从组织细胞运输到肺。

内呼吸是指毛细血管与组织细胞之间的气体交换过程。参与呼吸过程的呼吸器官有鼻子、气管、支气管和肺。

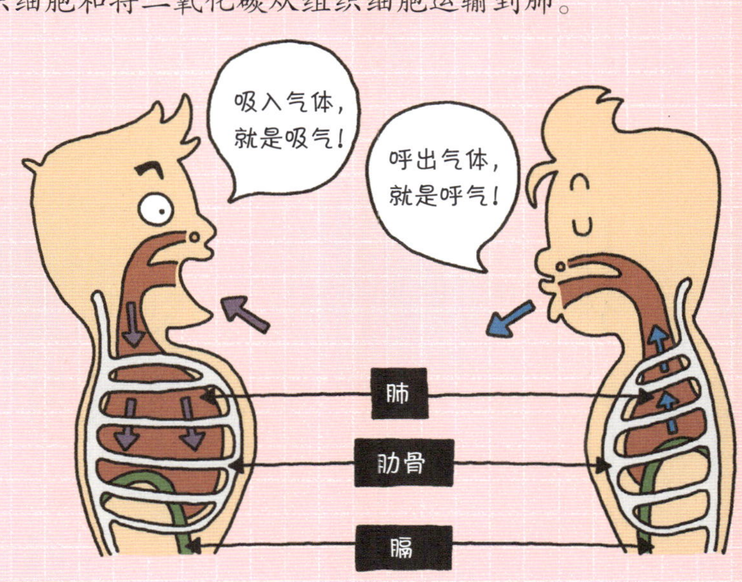

来看看气管

气管是指空气流通的管状通道，上端连接喉头，下端通入肺部。

气管的宽度与大拇指一样粗，长约为11 cm。管壁有黏液和纤毛，可防止空气中的灰尘和细菌进入肺部。

气管下部分为左右两个支气管，进入肺部后分成更细的支气管。

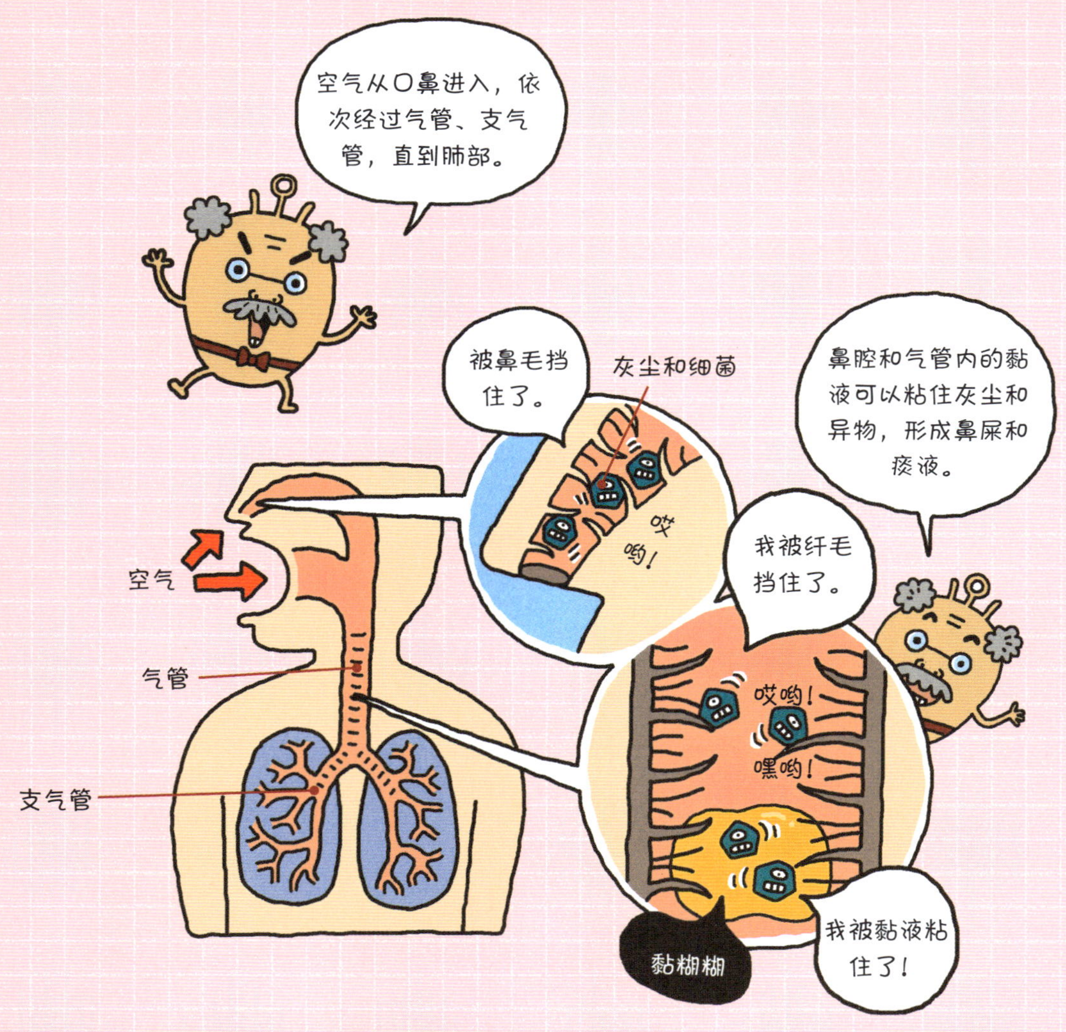

人体呼吸器官内的气管和支气管

怎样才能提高肺活量

肺是呼吸系统的主要器官。

空气通过呼吸道的处理，再进入肺，空气中的氧气在肺里进入血液。人类的肺有两个，分别位于胸部两侧。肺部没有肌肉，无法自主运动，所以肋骨和膈肌会收缩舒张，帮助肺吸入或呼出气体。

吸入的空气顺着支气管达到肺部的肺泡，肺泡外面包绕有毛细血管。肺泡中的氧气进入毛细血管，血液中的二氧化碳进入肺泡。氧气通过血液循环被输送到全身各组织细胞里，二氧化碳随着呼气的过程被排出体外。

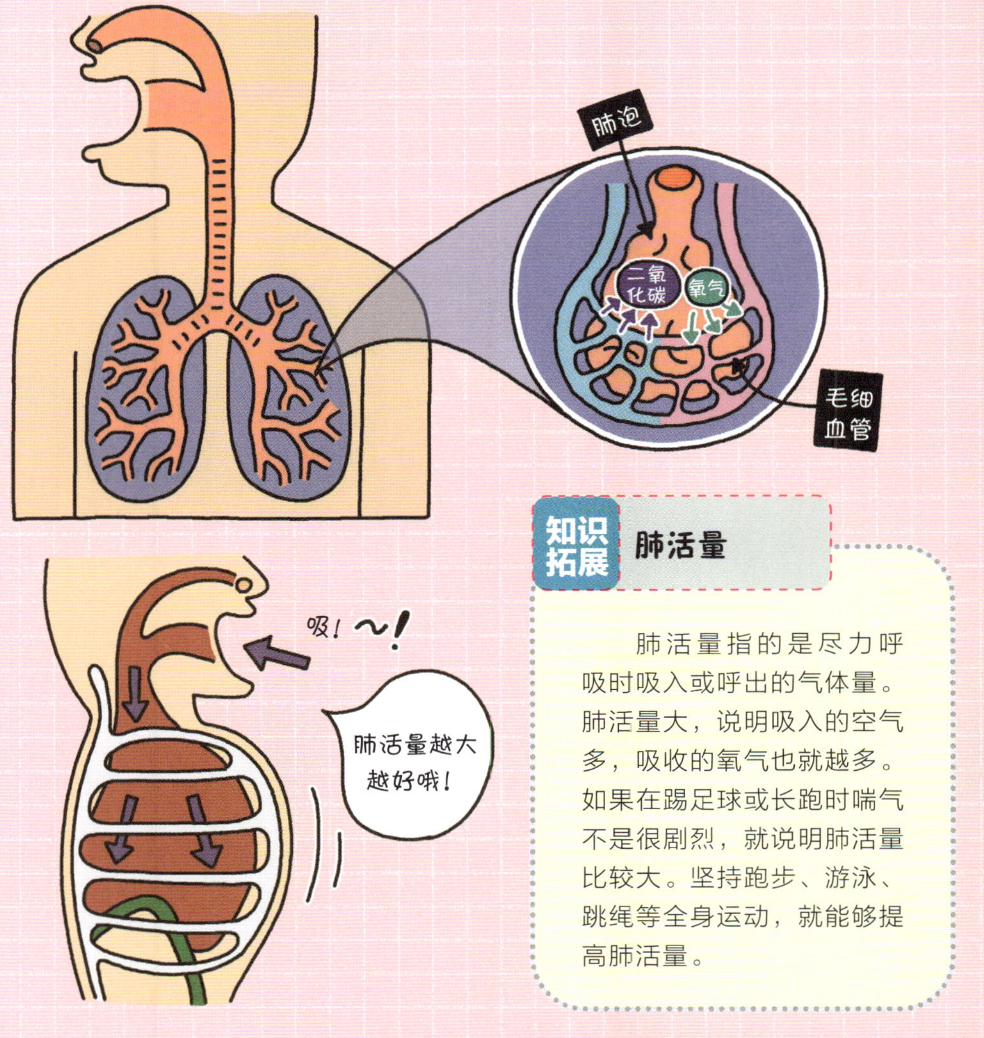

知识拓展　肺活量

肺活量指的是尽力呼吸时吸入或呼出的气体量。肺活量大，说明吸入的空气多，吸收的氧气也就越多。如果在踢足球或长跑时喘气不是很剧烈，就说明肺活量比较大。坚持跑步、游泳、跳绳等全身运动，就能够提高肺活量。

什么是脊柱

脊柱是由多块椎骨组成的柱状体。

成人的脊柱有26块椎骨。脊柱上端承托颅骨，中间连接肋骨、肩胛骨，下端连接髋骨。脊柱的作用是支撑身体，并保护脊髓。人类的脊柱由颈椎、胸椎、腰椎、骶椎、尾椎组成，能够支撑并维持身体直挺。

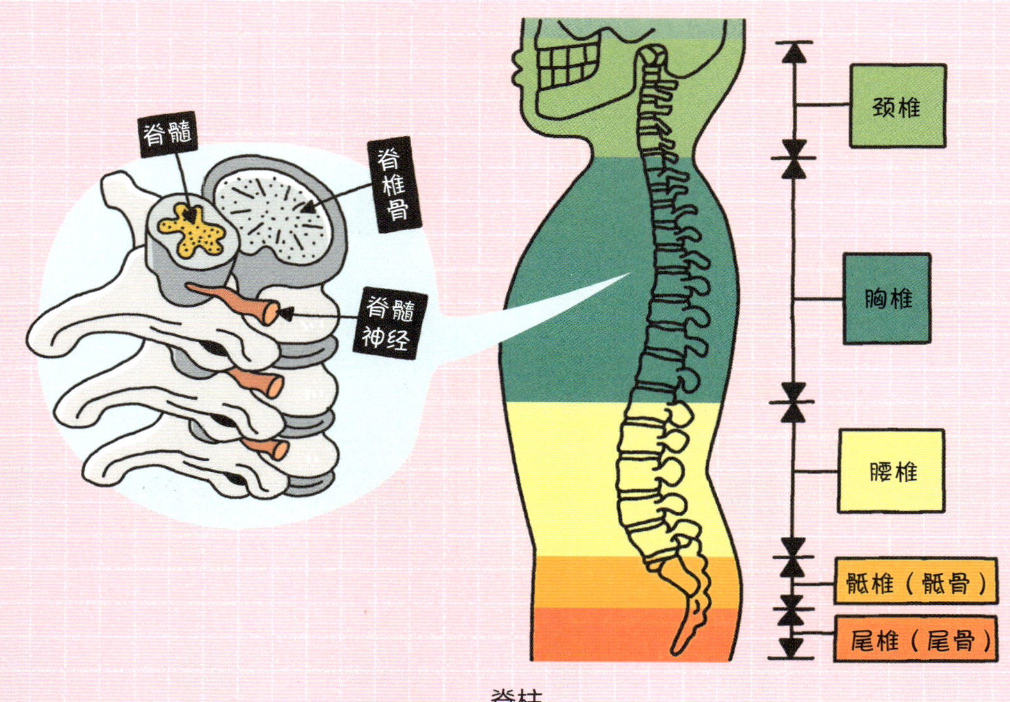

脊柱

知识拓展　骨骼系统

骨骼系统包括骨和软骨两部分，借韧带连接，是有支持躯体、保护内脏、运动等功能的器官系统。

骨头是构成人体骨骼的坚硬器官，起到支持身体的作用。骨头和骨头之间相连接的地方称为关节，关节内的软骨起缓冲作用，韧带起到连接骨头、防止骨头错位的作用。

新生儿的骨头数量要比成年人的多

骨头是指动物体内保护并支撑身体的部分。

骨头里含有钙和磷，还能够制造血液。和钢铁相比，骨头的强度更强。

人类新生儿的骨头有300多块，成年人有206块。新生儿的骨头之所以多，是因为骨头之间有缝隙。例如，新生儿的头顶靠前位置，有一块区域比其他区域更软，这块区域就是囟门，是软骨之间的缝隙。随着宝宝逐渐长大，这个缝隙会消失。

人类的鼻骨和耳郭等部位的骨头是软骨。骨头和肌肉通过肌腱连接，大多数骨头之间则通过韧带连接，正是因为有了它们，骨头才能够活动。

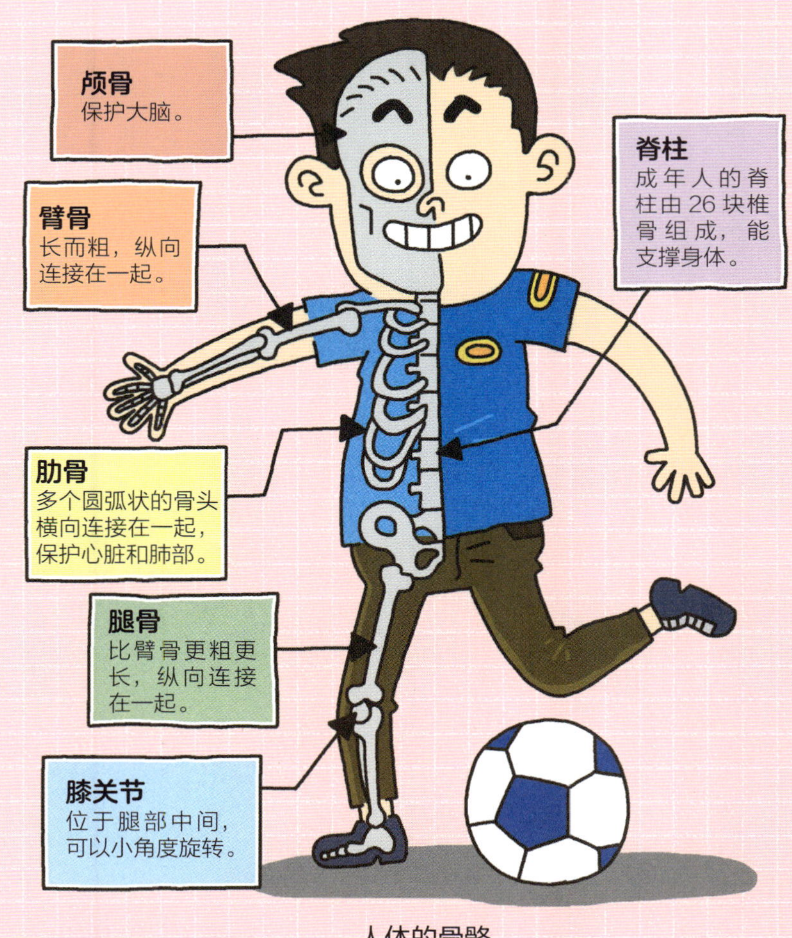

人体的骨骼

什么是骨连接

骨与骨之间借纤维结缔组织、软骨或骨相连，形成骨连接。

按骨连接的不同方式，可分为直接连接和间接连接。

直接连接较为牢固，不活动或少活动。可分为纤维连接、软骨连接和骨性结合这三类。

间接连接又称为关节或滑膜关节，是骨连接的最高分化形式，一般具有较大的活动性。关节的运动形式有移动、屈和伸、收和展、旋转、环转等。

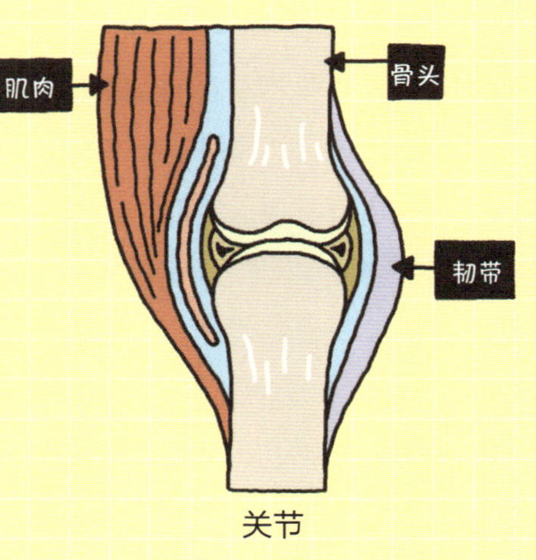

关节

什么是肌肉

肌肉是牵引骨骼而产生关节运动的组织。

肌肉分为随意志收缩的肌肉和不随意志收缩的肌肉，也就是随意肌和不随意肌。我们可以控制附着在骨头上的肌肉任意收缩，但不能控制内脏和心脏的肌肉任意收缩。屈肘伸肘时，胳膊内外侧肌肉通过收缩和舒张，控制胳膊运动。

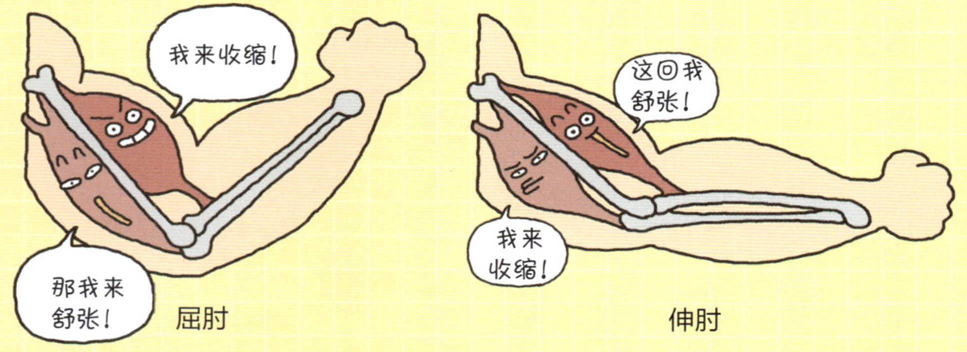

屈肘　伸肘

感觉器官有哪些

感觉器官是指感知刺激的器官。

感觉器官是接受光、气味、味道、声音、温度、压力等刺激的器官，如眼睛、鼻子、舌头、耳朵、皮肤等。所接受的刺激由脑处理，分别产生视觉、嗅觉、味觉、听觉、触觉。

味蕾分布在哪儿

味蕾是舌头上由味觉细胞组成的味觉感受器。

味蕾分布在舌头表面上突起的舌乳头中。混合了唾液的液体物质，与味蕾中的味觉细胞接触之后，我们才会感知到味道。陆生动物（包括人类）的味蕾不仅仅分布在舌头表面，还分布在口腔各处，所以口腔里的很多地方都能够辨别味道。

什么是神经系统

神经系统是接受动物体内外的刺激并对此做出反应的系统。

神经系统是由神经元这种特殊的细胞组成的，神经元能够处理并传达信息。

脑和脊髓统称为中枢神经系统，布满身体各处的较细的神经则统称为末梢神经系统。

末梢神经系统将接受的刺激传达给中枢神经系统，中枢神经系统则对刺激进行分析判断，并下达指令，再由末梢神经系统将指令传达给运动神经。

知识拓展

神经元的种类和刺激的传达

神经元根据职责的不同，可以分为接受刺激的感觉神经元，进行判断的联络神经元，与肌肉相连接并做出反应的运动神经元三种。这三种神经元相互协作，对刺激做出反应，维持身体状态的稳定。

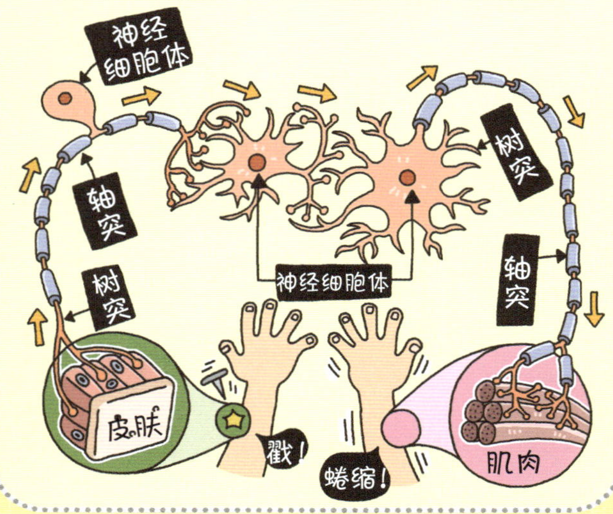

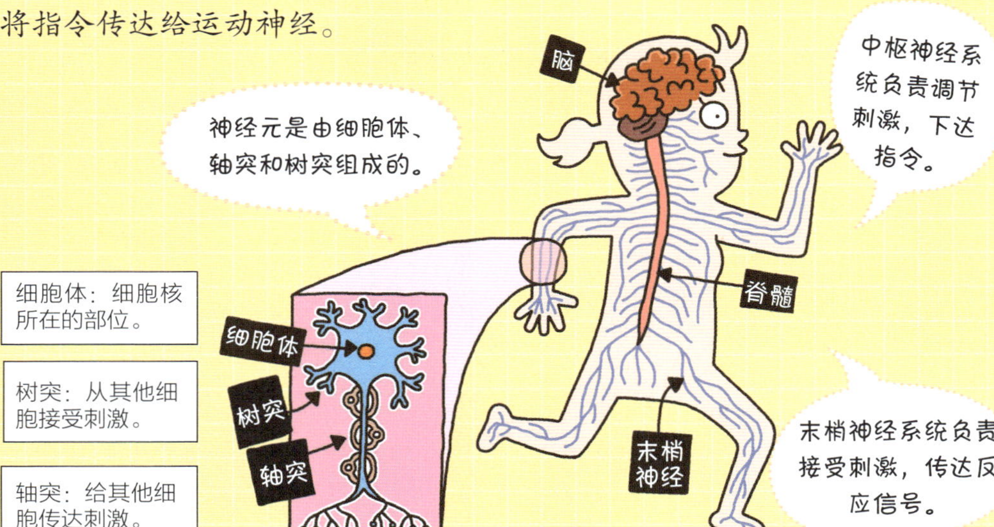

细胞体：细胞核所在的部位。
树突：从其他细胞接受刺激。
轴突：给其他细胞传达刺激。

神经元的结构和神经系统的分类

什么是中枢神经

中枢神经是由脑和脊髓组成的神经系统，负责对刺激进行分析、判断并下达指令。

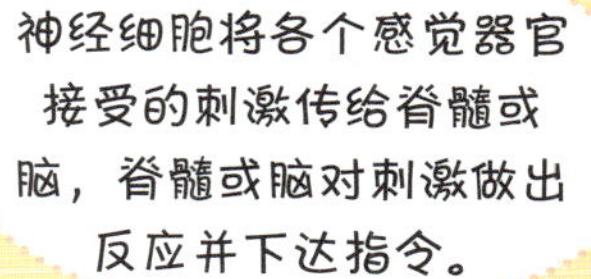

脑和脊髓位于人体中心线，所以叫作中枢。脑被头骨保护着，脊髓的神经束则是被脊椎骨保护。感觉器官接受的刺激通过末梢神经传到中枢神经，中枢神经对刺激进行分析和判断，并下达指令。

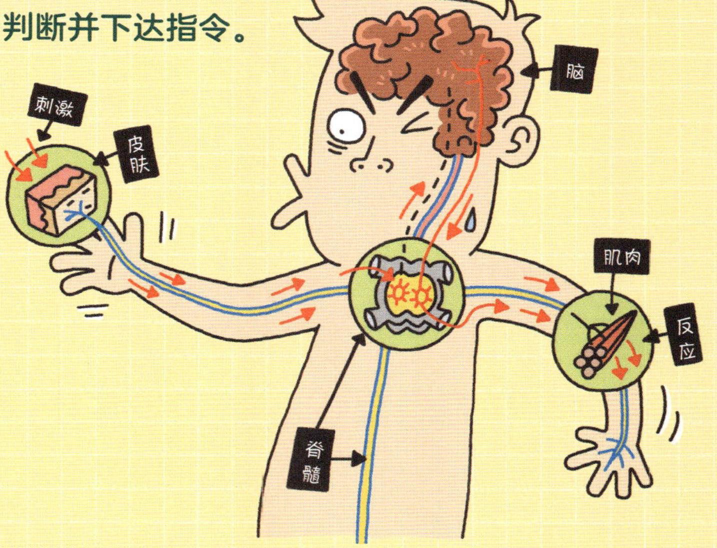

什么是神经末梢

神经末梢是神经纤维的末端部分，分布在各种器官和组织内。

神经末梢的任务就是接受外界刺激并传达给脑和脊髓，然后再把脑和脊髓的指令传递给效应器。

神经末梢包括感觉神经末梢、运动神经末梢。其中，感觉神经末梢将身体各处产生的信号，也就是将眼、鼻、嘴、耳、皮肤受到的外界刺激传达给大脑；运动神经末梢将大脑下达的运动命令传达给身体各个部位。

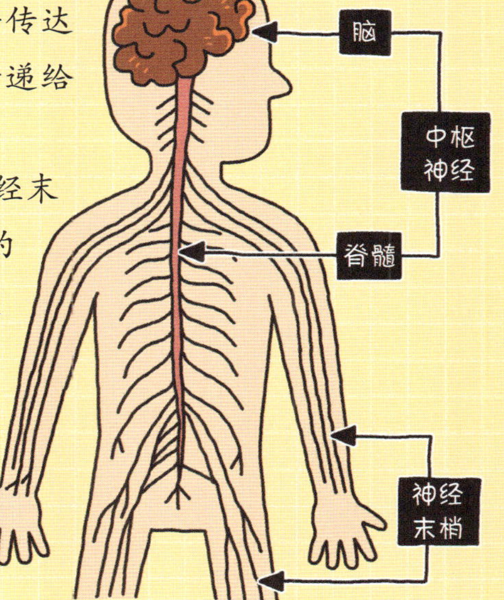

来看看脑的结构

脑是根据从感觉器官获取的信息，通过神经下达命令的器官。

脑呈球形，被坚硬的头骨包围，表面有很多沟回，主要由大脑、间脑、小脑、脑干组成。成人的脑质量约为1400 g，婴儿的脑质量约为360 g。

大脑的血管呈网状，脑借助感觉器官和神经系统，迅速接收并分析人体内外部的信息，然后通过神经发出信号，调节身体的各种功能和活动。

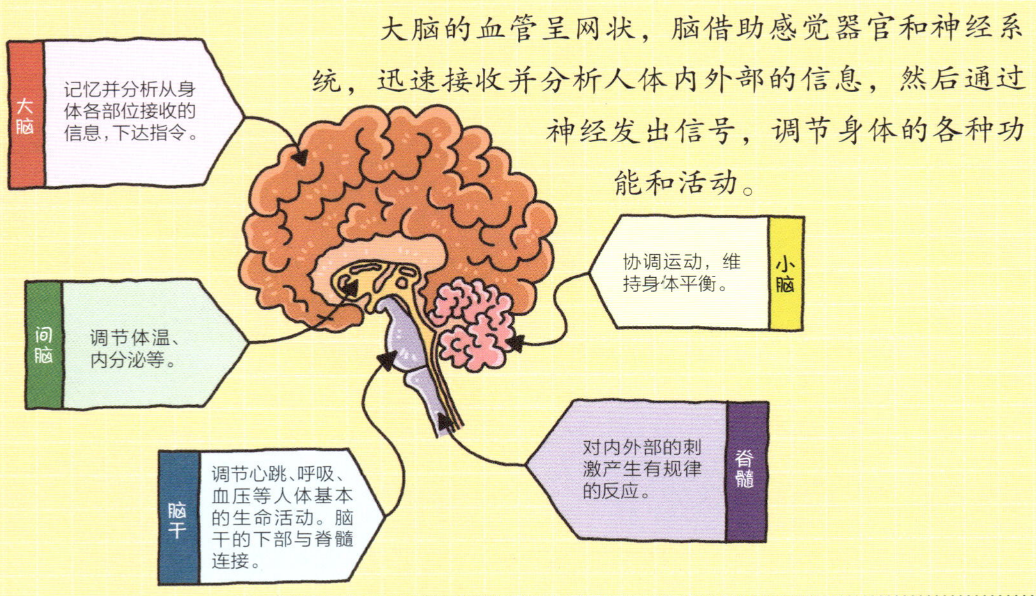

刺激包括物理刺激和化学刺激

刺激是能引起机体反应的环境变化因素。

刺激包含光、声、电、重力、热等物理刺激和酸、碱等化学物质的化学刺激。物理刺激通过人五感中的触觉、视觉、听觉感知，与味道和气味紧密相关的化学刺激则通过味觉、嗅觉感知。生物对刺激做出相应的反应，以维持体内环境稳定。

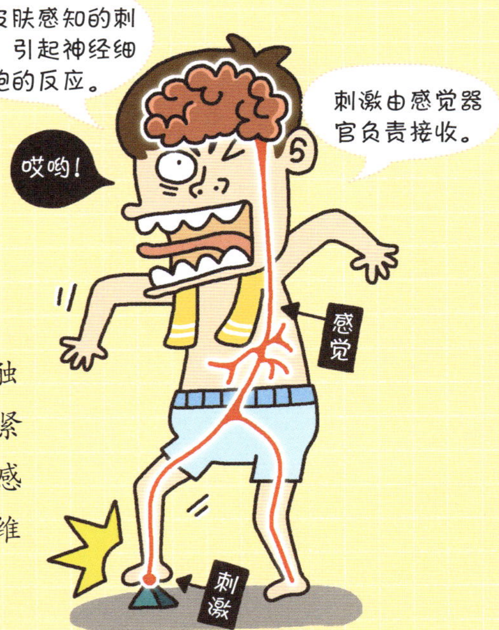

5 生殖和进化

什么是生殖

生殖是指生物为了维持种族的延续而生产后代。

所有生物的生命都是有限的，为了维持种族的延续，就需要产生后代。无法繁殖后代的生物就会灭绝。生殖可以分成有性生殖与无性生殖两类。

什么是有性生殖和无性生殖

雌雄两性的生殖细胞结合的繁殖是有性生殖，不区分雌雄或是虽然区分雌雄但不通过交配进行繁殖的生殖方式则是无性生殖。

动物产生精子和卵子，植物产生花粉和卵细胞，它们结合后就会生长成新的生物体。有性生殖由于是雌雄生殖细胞的结合，父母的基因组合在一起，会产生多种个体，因此后代能很好地适应不断变化的环境。

无性生殖主要见于低等动物，亲代的遗传基因会原封不动地传给子代。尽管通过无性生殖可以快速地完成繁殖，但是一旦环境发生剧变，可能会导致整个族群的死亡。无性生殖包括分裂生殖、出芽生殖、孢子生殖，广义上来说也包含营养繁殖。

出芽生殖是指母体的一部分膨出、脱落成为新个体的生殖方式，例如酵母菌和水螅等。

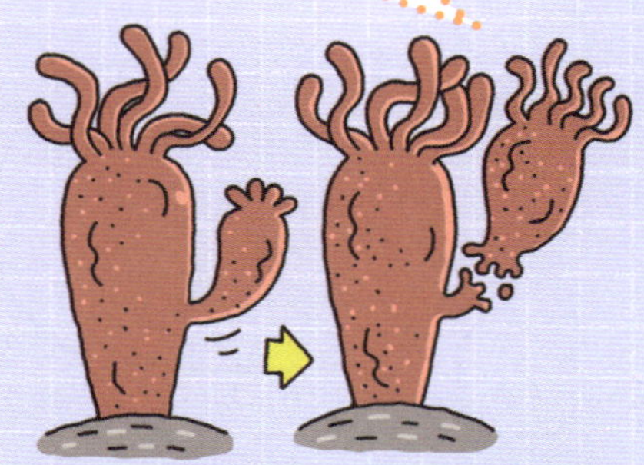

水螅的出芽生殖

分裂生殖是指母体一分为二的生殖方式。进行分裂生殖的有变形虫、眼虫、草履虫、细菌等。

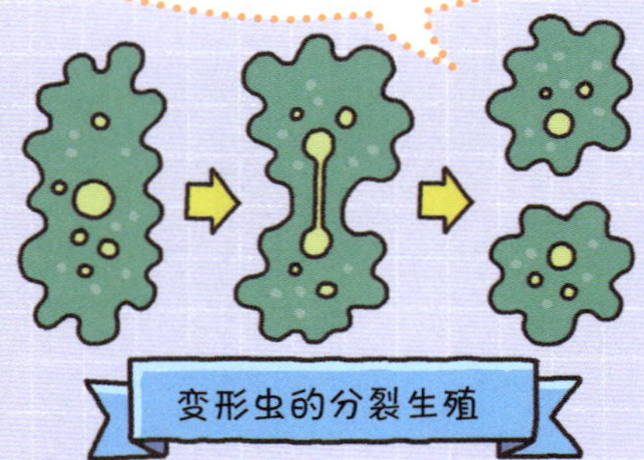

变形虫的分裂生殖

孢子生殖就是通过孢子进行繁殖。进行孢子生殖的有霉菌和蘑菇等。

蘑菇的孢子生殖

你知道什么是营养繁殖吗

营养繁殖是指植物借助根、茎、叶等进行的繁殖。

在自然界，有的植物借助地下茎、匍匐茎、球根进行营养繁殖，也可以通过扦插、嫁接、压条、分根等方法进行人工营养繁殖。

人工营养繁殖主要用于培育果树和园艺，这样能把父本和母本的优良性状遗传给后代，并在短时间内结出高品质的果实。由于营养繁殖可以使植株对害虫和疾病的抵抗力增强，所以可以用于繁育红薯等不易产生种子的植物。

匍匐茎

匍匐在地面上生长的茎，每个节都可以生根发芽，例如草莓和结缕草。

球根

从根部发芽繁殖，例如红薯和大丽花等。

嫁接

将一株植物的枝或芽，嫁接到另一株植物的截断面上，使接在一起的两个部分长成一个完整的植株。

压条

将桑树等植物的树枝弯曲压埋于土中，待生根后与原株分离，让其形成新植株。

营养繁殖的不同方法

哪些动物需要通过交配来繁衍后代

交配是指雌雄两性为了繁衍后代而配对的行为。

通过交配繁衍后代的动物，大部分是陆生动物和鸟类。一些动物为了交配会筑巢，一些动物会在水中交配。

生活在水里的昆虫、鱼类、甲壳动物则采用了另一种繁殖方式——它们会吸引雌性在水中产卵，之后雄性在卵子周围排出精子，使卵子受精。

蜻蜓的交配过程

知识拓展　生物一定要有雄性和雌性才能繁殖吗?

大多数的动物必须有雄性和雌性才能产卵生子，完成繁殖。但有一些生物可以独自完成繁殖，例如水螅、海葵等动物就可以独自产生新个体。这种生殖方式叫作无性生殖，无性生殖可以分为分裂生殖、出芽生殖、孢子生殖和营养繁殖等。

雌雄同体的生物有哪些

雌雄同体是指同时具有雌雄两性生殖器官的生物。

与雌雄同体相对应的是雌雄异体，雌雄异体是指分别具有雄性或雌性生殖器官的生物。雌雄同体的动物有蜗牛、蚯蚓、水蛭、吸虫、绦虫、藤壶等。植物中普遍存在雌雄同体的物种。一棵植株上同时具有雄花和雌花的植物叫作雌雄同株，只有雌花或雄花的叫作雌雄异株。

什么是受精

受精是指雌性和雄性的生殖细胞合并成一个受精卵的过程。

雌性动物卵巢中产生的卵子与雄性动物精巢中产生的精子结合，就完成了受精。受精后会产生受精卵，受精卵经过细胞分裂会形成新的个体并继续生长。

植物的受精过程是，沾在植物雌蕊上的花粉会长出花粉管，花粉管穿过花柱与子房中的胚珠相遇，然后里面的精子和胚珠里的卵细胞结合，完成受精。受精后的胚珠就会变成种子，子房就会变成果实。

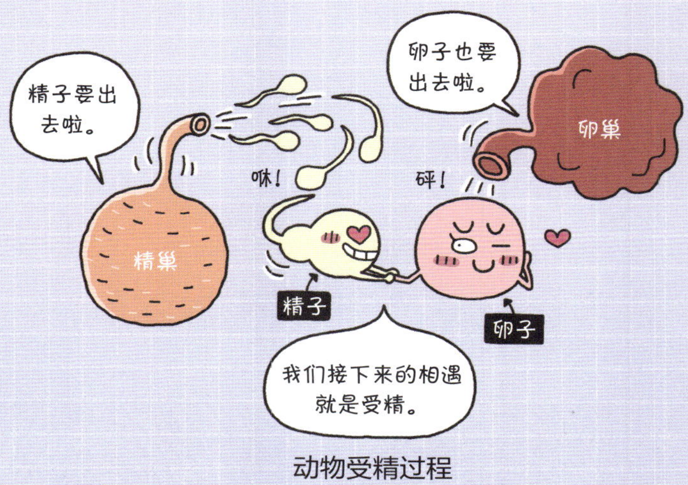

动物受精过程

知识拓展 动物的体内受精和体外受精

受精在雌性动物体内完成就叫体内受精。体内受精比体外受精更加安全可靠。哺乳动物、鸟类、爬行动物、昆虫等陆生动物和一部分水生动物采用体内受精的方式。

体外受精则是指受精过程在雌性动物体外完成。体外受精的成功率较低，所以雌性会一次性排出大量卵子。此外，为了提高受精概率，精子和卵子还会同时排出，或是由卵子分泌吸引精子的物质。鱼类、两栖动物、棘皮动物、软体动物等大多采用体外受精的方式。

体内受精

让我看看你的指纹

指纹是人类手指末端腹面皮肤的纹路。

就算是同卵双胞胎，他们的指纹也是不一样的。手指上的细小伤痕不会改变指纹的纹路，随着新细胞的生长，指纹会恢复到和以前一样的样子。

因为每个人的指纹都不相同，所以可以用指纹来鉴别身份，如用大拇指印来代替印章。在案发现场，侦查人员经常会将铝粉撒在发现的指纹上，使指纹更加清晰，再提取指纹，用于帮助锁定犯罪嫌疑人。

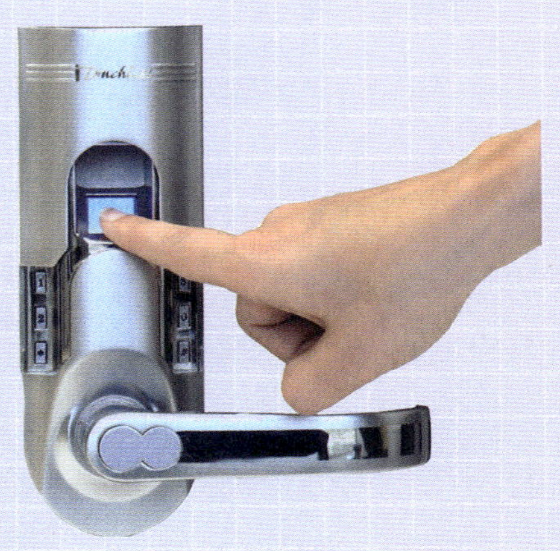

指纹识别门锁

弓形纹（ARCH）

箕形纹（LOOP）

斗形纹（WHORL）

指纹的形状

知识拓展　性状

性状指的是生物形态结构、生理和行为等特征。

同种生物的同一性状常有不同的表现形式，这被称为相对性状。如豌豆是圆粒的还是皱粒的；西红柿是黄色的还是红色的；小猫是纯色毛还是花色毛；人是单眼皮还是双眼皮，会不会卷舌头等。

什么是脱氧核糖核酸（DNA）

DNA是蕴含生物遗传信息的物质。

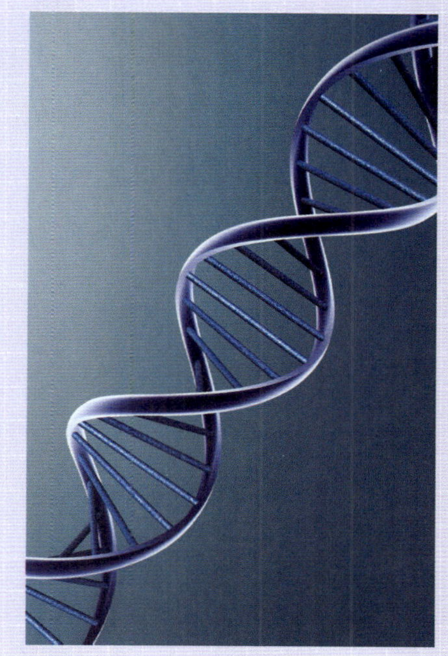

DNA

细胞功能所需的所有信息都存储在DNA的化学大分子中。DNA是主要由四个脱氧核苷酸的重复单元组成的双螺旋结构。这四个脱氧核苷酸分别是腺嘌呤、鸟嘌呤、胞嘧啶、胸腺嘧啶。每个脱氧核苷酸由磷酸、脱氧核糖、含氮碱基构成。

DNA分子里含有许多有遗传功能的片段，不同的片段含有不同的遗传信息，以控制不同的性状。

检测血迹中的DNA就可以抓到犯罪嫌疑人。

POLICE LINE

我们的DNA一致，你就是我的儿子！

妈妈！

DNA检测结果一致。

DNA

DNA中储存着一个人所有的生物信息。

DNA通过受精卵传递给子女，子女拥有父母的生物信息。

什么是进化

生物进化的总体趋势是由简单到复杂、由水生到陆生。

生物在进化过程中形成了适应环境的形态结构和生活习性。化石是可以证明生物进化的确存在的重要证据。达尔文奠定了进化论的科学基础，他在《物种起源》中说：生物都在进化，进化是需要数千年的时间，以非常缓慢的速度进行的。

达尔文认为进化的主要原因就是物竞天择（自然选择学说）。他还认为当今地球上的所有生物物种，都是从同一个祖先经过长时间的分化演变而来的。

用自然选择学说解释长颈鹿的进化过程

哇，好大一棵进化树

进化系统树是表示物种的进化关系的树状分支图。

最早人类把生物分为动物界和植物界这两界系统，但随着对生物的认识不断深入，生物分类经历了三界系统、四界系统、五界系统等。目前应用广泛的是五界分类系统，分别是原核生物界、原生生物界、植物界、真菌界和动物界。把各类生物整理在树状分支图上，简明地展示它们的进化历程和亲缘关系，这就是生物的进化系统树。

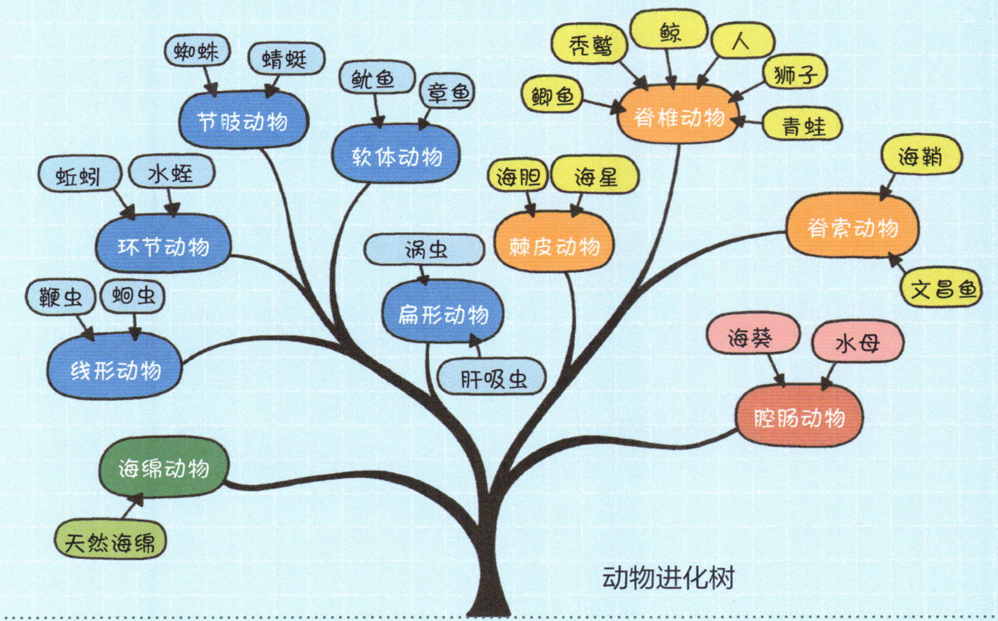

动物进化树

为了生存而竞争

生物为了争夺食物、配偶等产生竞争。

生物如果缺少食物、生活空间或配偶，会和同类或异类发起竞争。有些动物以群体生活，个体之间根据力量大小分级，通过分工进行社会行为以避免竞争。

动物之间有竞争，植物之间也有竞争。例如，杂草和农作物会争夺营养物质和生存的空间。

雄性为了争夺雌性而发起竞争

为了生存而做出改变

适应是生物为了适应周边生活环境而改变外形或生活习惯的现象。

适应是生物生存的最重要因素之一，马具有适合咀嚼草的臼齿和能够迅速逃离捕食者的腿，就是适应的例子。

即使是同一物种，由于适应不同的生活环境，形态也会发生变化。例如，生活在北极的狐狸，为了适应周边环境，皮毛为白色；因为要耐寒，所以体形较大。相反，生活在沙漠的狐狸，毛色是淡黄褐色的；因为要耐热，所以体形较小，耳朵较大。

生态系统中的各种生物为了生存都会尽可能地适应自己的生活环境。

在干旱的沙漠中，仙人掌的叶子变成了刺，能够减少水分蒸发。

仙人掌

在海边生长的单叶蔓荆，叶子具有光泽，能够反射强烈的太阳光。

单叶蔓荆

沙漠狐狸的耳朵大，在炎热地区可以更好地散热。

沙漠狐狸

北极狐耳朵小，体形较大，能耐严寒。

北极狐

神奇的保护色

保护色是指某些动物有和周围环境相近的体色。

保护色是物种在长期进化过程中形成的。具有保护色的动物，不易被天敌或猎物发现。飞蛾的幼虫大多数呈绿色，所以在绿色的叶片上不容易被发现；花尾榛鸡的羽毛在夏天呈茶褐色，在冬天则是与白雪相似的白色。

有的动物，如变色龙，还能随时根据环境来改变身体的保护色。

变色龙

青蛙

警告你了，离我远点儿

警戒色是指动植物体表能威慑天敌的显眼色彩。

某些动植物能够释放恶臭和毒素，或通过体表显眼的色彩和斑纹，来警示天敌，避免自身遭到攻击。蜜蜂、毛毛虫、毒蛇、毒蛙、瓢虫、毒蘑菇等都具备警戒色。

箭毒蛙

瓢虫

通过拟态来保护自己

拟态是指动物模仿周围物体或其他动物的外形。

常见的拟态类型有两种。第一种是动物在自身生活的场所里，通过拟态让自己不显眼；另一种是模仿拥有毒针或刺激性气味等动物的行、色、味、声等，以保护自身免受攻击。

花虻为了保护自己，长出像蜜蜂一样的毒针。

飞蛾翅膀上长出像眼睛一样的花纹。

竹节虫长得像树枝。

共生都是互利的吗

共生是指不同生物之间互相产生影响的关系。

种间相互作用，彼此都得到好处的关系叫作互利共生，只对一方有利的叫作偏利共生。

鳄鱼和牙签鸟是互利共生的关系，牙签鸟在鳄鱼口觅食，同时帮助鳄鱼清理口腔，二者相互帮助。除此之外，蚂蚁和蚜虫、寄居蟹和海葵也是互利共生的关系。

鲨鱼和鲫鱼是偏利共生的关系，鲫鱼吸附在鲨鱼身上，免费移动，还能捡拾鲨鱼吃剩的食物残渣，单方受益，但不对鲨鱼产生影响。此外，海参和隐鱼、鲸和藤壶也是偏利共生的关系。

什么是寄生

寄生是指一种生物附着在另一种生物体内或表面。

抢夺营养物质从而获益的生物叫作寄生生物，遭受损失的生物叫作宿主。

寄生生物中，寄生虫寄生在人或家畜身上，寄生蜂和寄生蝇寄生在昆虫身上，寄生植物附着在植物上，各种菌类、细菌和病毒则可以寄生在动植物上。

神奇的仿生

仿生是指人类研究生物的某些特性并加以应用。

仿生就是指模仿动植物的行动或结构，并将研究结果应用于高科技中。例如，人们模仿鬼针草发明了魔术贴，模仿鲨鱼皮肤上的微小突起制作了高科技泳衣。

仿生技术也经常用于机器的研发。例如，人们模仿尺蠖的移动方式，发明了能在大肠里自由移动的内视镜设备，还发明了可以轻松地沿弯曲路径行走的蜈蚣机器人，等等。

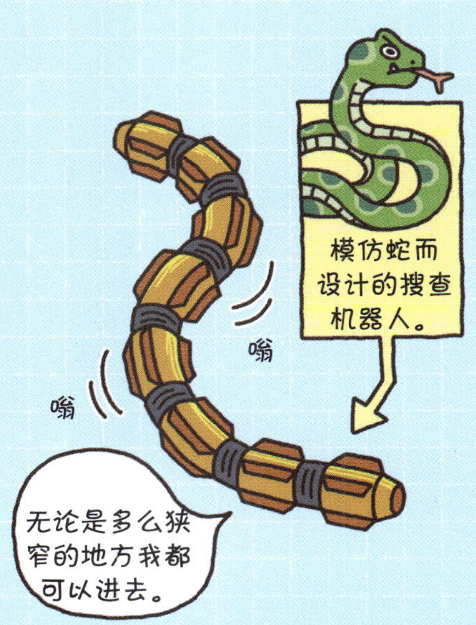

6 微生物

来看看显微镜

显微镜是可以将物体放大观察的设备。

最早的显微镜是在1600年左右，由荷兰的眼镜制造商詹森发明的。

显微镜利用透镜放大物体。靠眼睛一侧的凸透镜叫作目镜，靠物体一侧的凸透镜叫作物镜。物镜将物体进行一定程度的放大，目镜在此基础上再次将物体的像放大。

最常用的显微镜是光学显微镜。

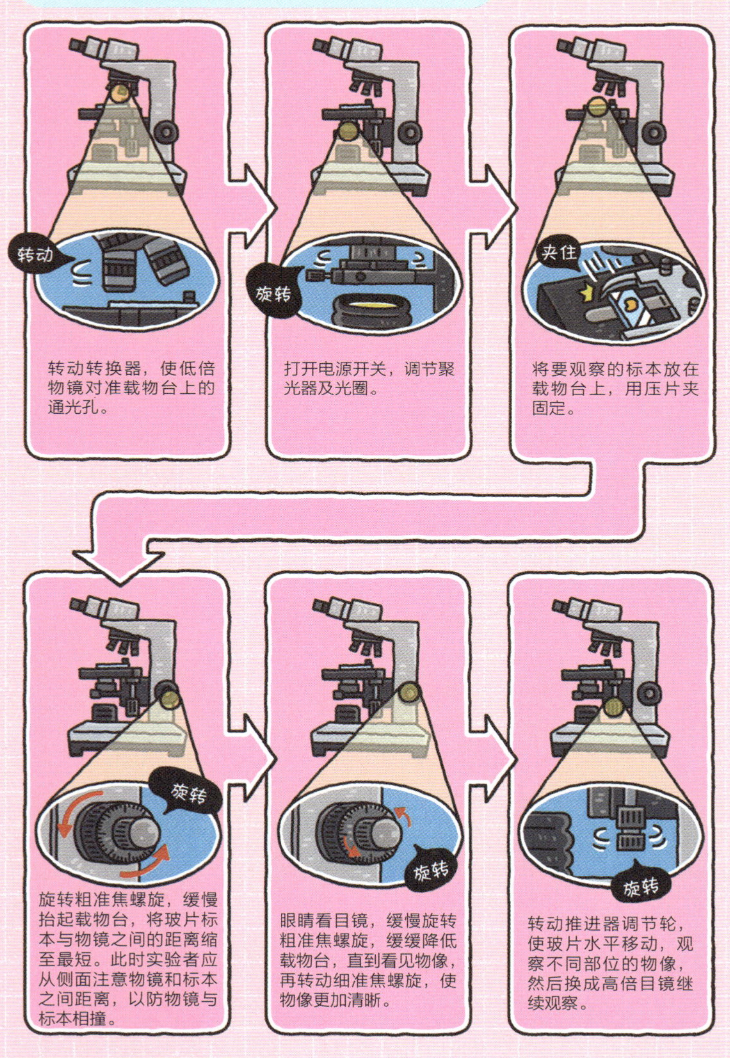

光学显微镜的结构

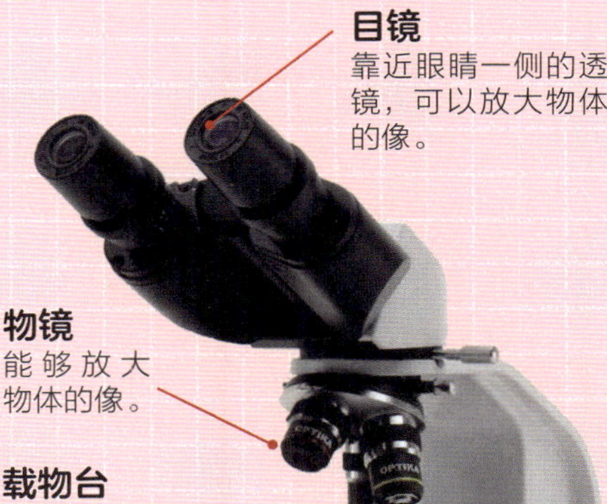

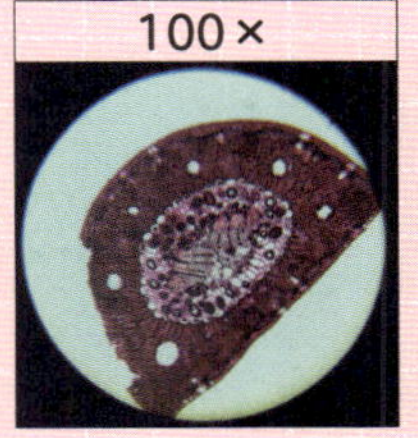

观察针叶树树叶的横截面

知识拓展　显微镜的种类

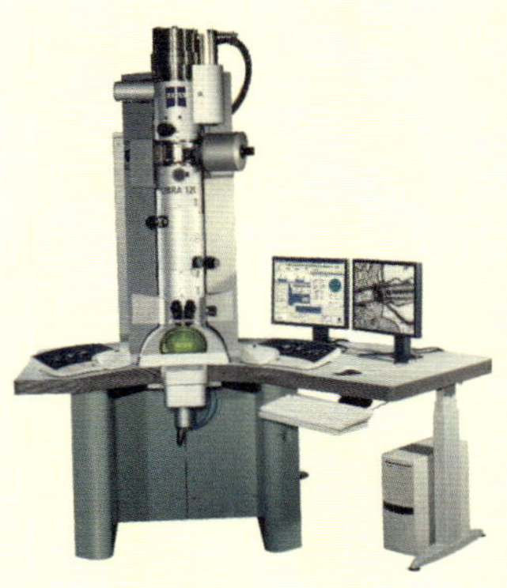

电子显微镜
使用电子束和电子透镜，能够放大数百万倍，可以用来观察细胞或细菌的内部。

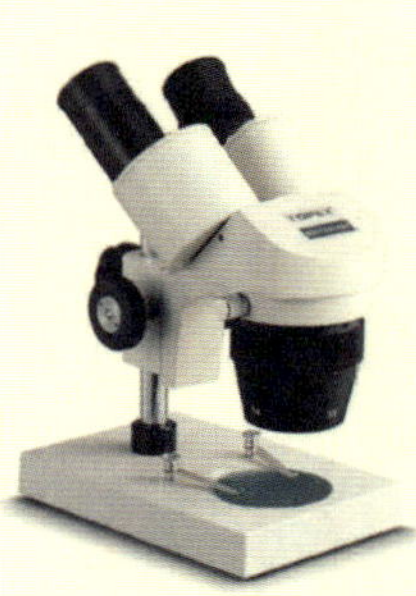

解剖显微镜
将观察对象置于载物台上就可以观察。也叫作实体显微镜。

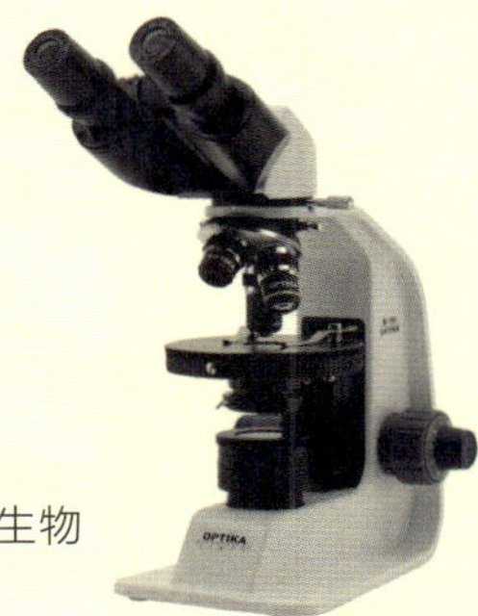

生物显微镜
常用于观察微生物或动植物细胞。

什么是电子显微镜

电子显微镜是用电子和电子透镜来放大观察的设备。

电子显微镜用电子成像，而不是光，比使用普通透镜的显微镜的放大倍率更大。电子显微镜还可以高度放大用光学显微镜看不到的病毒等微生物，进行更细致的观察。最新型的电子显微镜可以放大数百万倍，甚至一亿倍，可以看到原子的排列结构。电子显微镜广泛应用于生物学、医学、工学等多个领域。

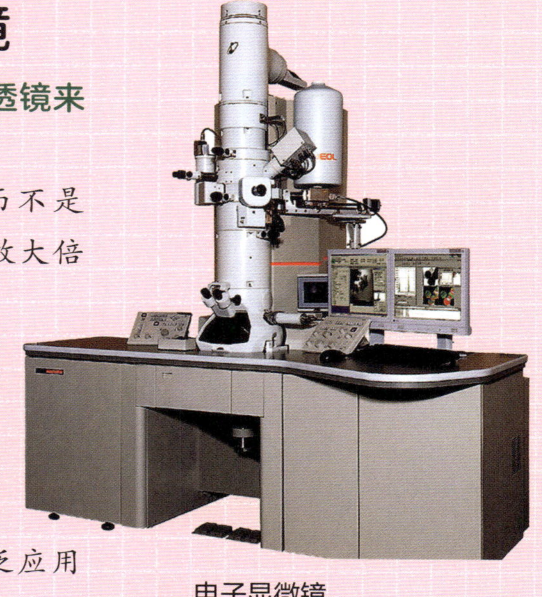
电子显微镜

显微玻片标本

玻片标本是指生物的整体或局部的标本。

把要观察的对象切成能够透光的薄片，置于载玻片上，然后盖上盖玻片，玻片标本就制作完成了。

在盖上盖玻片之前，可以滴入几滴水，以排出载玻片和盖玻片之间的空气。制作细胞的玻片标本时，可用亚甲基蓝等染色剂代替水，这样可以更清晰地看到细胞。

显微玻片标本可用于观察小型生物或生物的微小结构，这样不会让观察的对象出现凌乱飘散的情况，观察起来更加方便可靠。玻片标本中的盖玻片可以防止显微镜物镜接触到观察物质。

制作显微玻片标本

神奇的微生物

微生物是指肉眼看不见的微小生物。

微生物会分解动物的排泄物和死亡的动植物。有些微生物会引发禽流感和食物中毒等疾病，有些微生物能用于制作奶酪、酸奶、泡菜、大酱等食物，还有一些微生物被广泛应用于去除体内的有害细菌或用于制备维生素等。

微生物包括简单的原核生物、复杂的原生生物，以及非细胞结构的病毒和亚病毒。

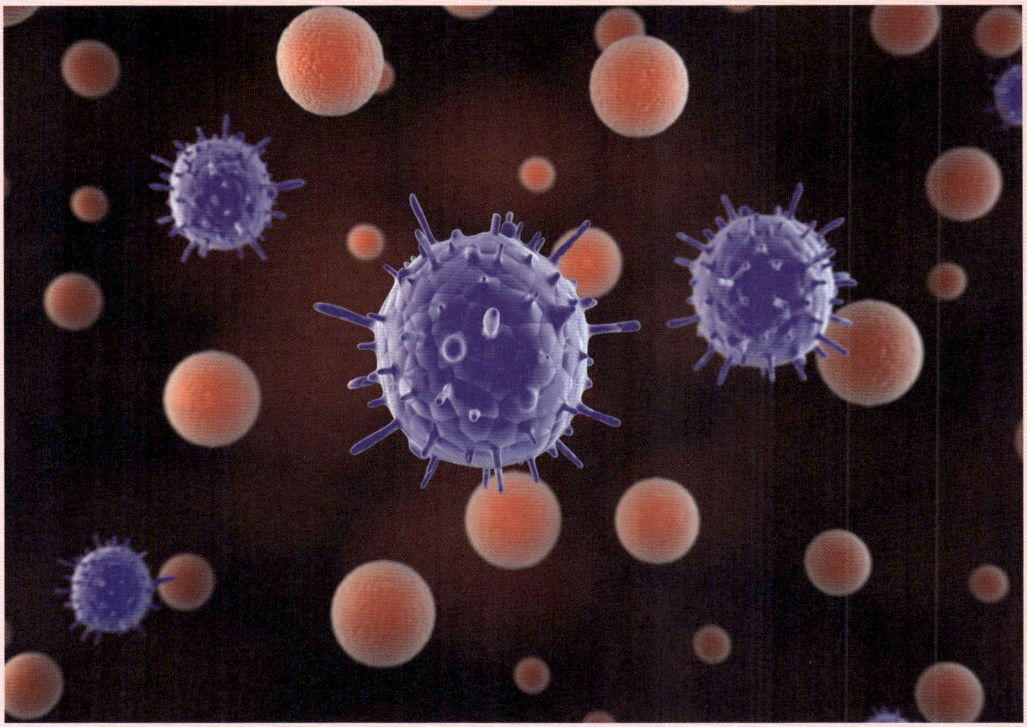

用于发酵酸奶和泡菜的乳酸菌，还有助于消化，防止便秘。

病毒示意图

细菌都是有害的吗

大部分细菌是自己无法制造营养物质的单细胞生物。

细菌无法进行光合作用，可以寄生在任何有营养物质的地方，比如土壤、水、空气、人体等。细菌生长除了需要营养物质，还需要适宜的温度和湿度。

知识拓展 **细菌都是有害的吗？**

腐败的食物中含有的细菌可能会引起食物中毒，但不是所有细菌都是有害的。人体肠道内的乳酸菌可以消灭有害的细菌，维持肠道的健康，还能把牛奶变成酸奶，使蔬菜变成泡菜。大肠中的很多大肠菌对人体有益，比如能够分解食物中的纤维，以及帮助合成维生素，但是大肠菌如果进入人体的其他部位，可能就会导致疾病。一些土壤中或水中的细菌还可以分解死亡的动植物，作为分解者为植物制造肥料，为人类造福。

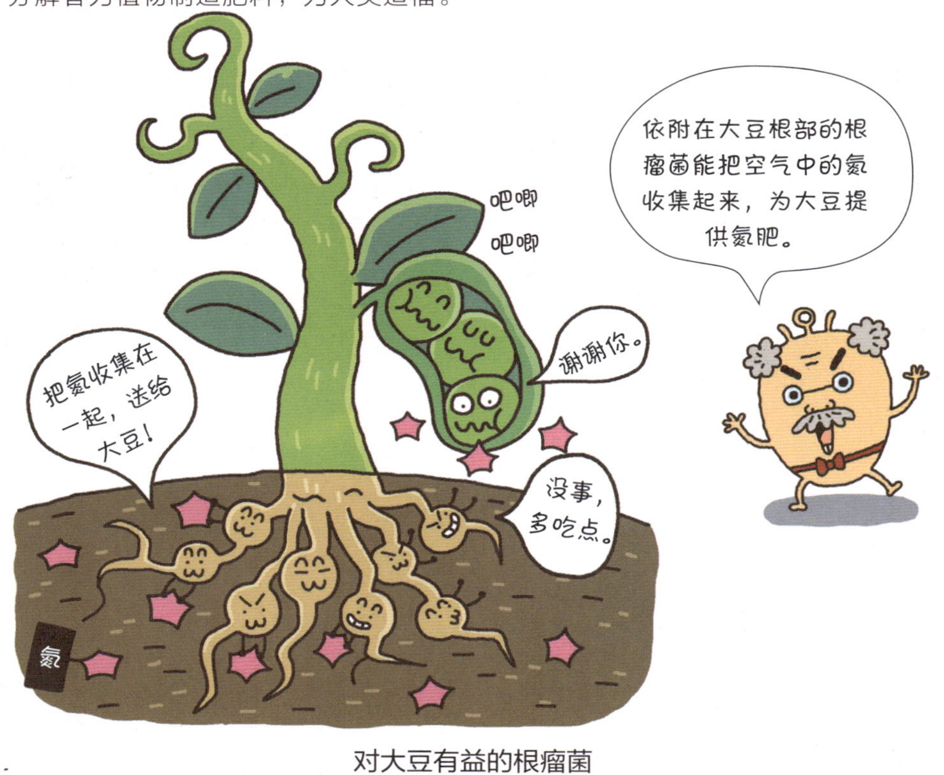

对大豆有益的根瘤菌

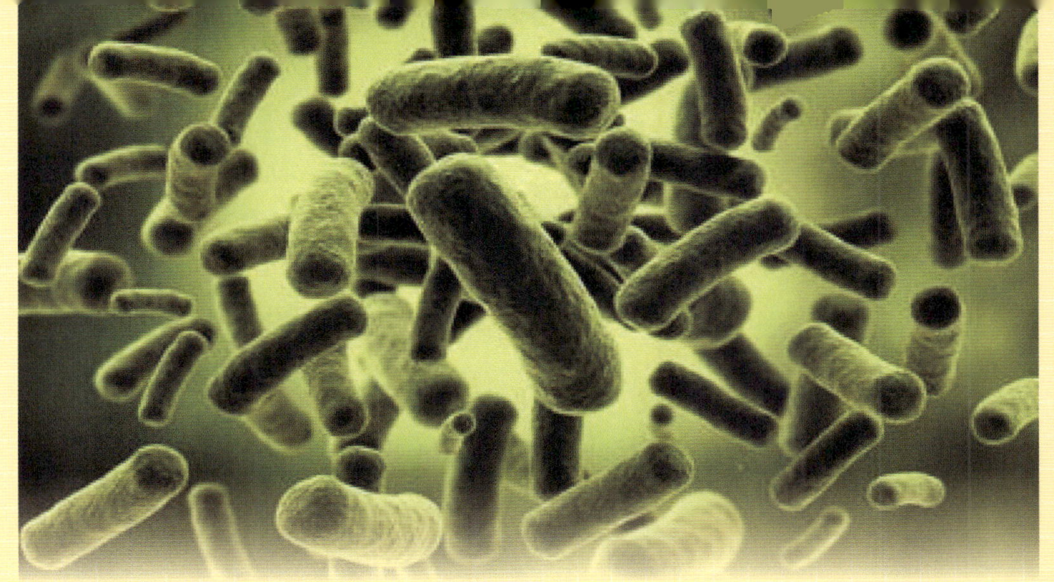

什么是乳酸菌

乳酸菌是能把葡萄糖转化成乳酸的细菌。

人体肠道中的乳酸菌能消除有害菌，促进肠道运动，保持身体健康。用乳酸菌可以制作酸奶等食物。泡菜中也含有乳酸菌，使泡菜味道酸甜。

什么是酵母菌

酵母菌是可制作面包、啤酒的微生物。

酵母菌是一种单细胞真菌，长度为5～30 μm，呈球状或卵圆状。酵母菌在发酵时能够产生二氧化碳，所以在制作面包时，在面粉中放入酵母会使面团更加蓬松。

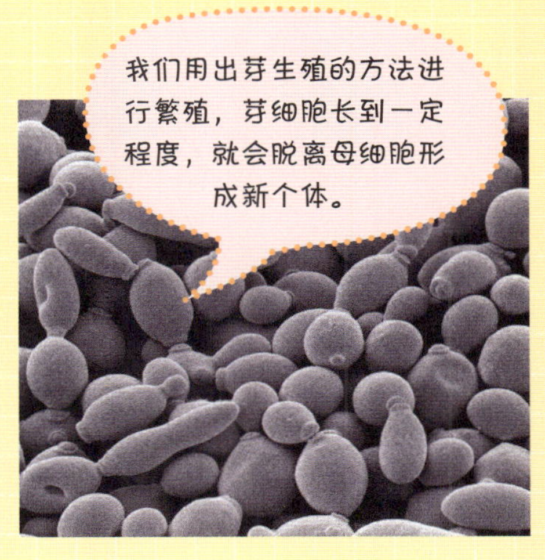

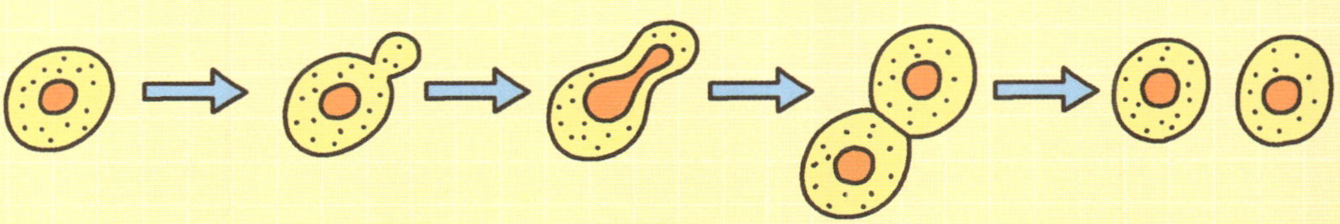

酵母菌的出芽生殖

这些发酵食物你吃过吗

发酵是指微生物分解出对人体有益物质的过程。

如果微生物分解的物质或是生产的物质对人体有益，这个过程就叫发酵；反之，如果对人体有害，就叫作腐败。发酵是人类较早接触的生物化学反应。

蔬菜经过乳酸菌发酵，产生酸酸的味道，用作小菜或再加工食用。

用盐腌制水产品进行发酵而成，用作小菜或再加工食用。

用大豆发酵而成的酱曲制成。酱油、豆瓣酱都是大豆发酵食品，用作调味料，可调节咸淡。

将谷物或水果进行发酵而成，作为调味料使用。

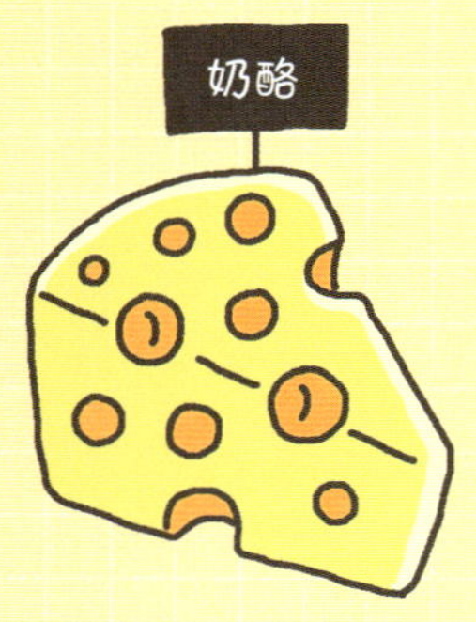

将牛奶凝固后发酵而成，可用于制作比萨、奶酪饼干等食品。

在牛奶中加入乳酸菌发酵而成，有益于肠道健康。可直接食用或用作制作菜肴。

各种发酵食物

远离病毒

病毒是只有在活细胞中才能增殖的微生物。

病毒无法独自生存，必须进入动植物或细菌等存活的生物体内才能生存。

病毒进入生物体内后会破坏细胞并引发疾病，这个过程就叫作感染。病毒引起的疾病有天花、麻疹、风疹、小儿麻痹、流行性乙型脑炎、流行性出血热、肝炎、流行性感冒等。

病毒不能被普通的显微镜观测到，必须通过电子显微镜观察。

什么是介水传染病

介水传染病是通过水传播的疾病。

很多人同时饮用受病原体污染的水，导致疾病快速传播。在梅雨季节或是暴发洪水的地区，饮用水和食物可能会被粪便、生活废水、死亡的家禽中携带的病菌污染，容易发生介水传染病。介水传染病一旦发生，危害很大。代表性的介水传染病有痢疾、霍乱、伤寒等。

饮用水煮沸后饮用，食物保存在低于5 ℃的环境中，并且煮熟食用，能一定程度预防介水传染病。

预防介水传染病的方法

什么是抗生素

抗生素是指一种治疗由细菌等微生物导致的疾病的药。

抗生素可以阻止细菌和一些其他微生物的生长或将其杀死，从而达到治疗疾病的目的。1928年，英国细菌学家弗莱明从青霉菌中发现了青霉素（盘尼西林），这是世界上的第一种抗生素。第二次世界大战中生产了大量的抗生素。今天人们使用的大多数抗生素是二十世纪五六十年代在美国和日本发现的。抗生素可以从菌、霉、细菌、食物中获取，一般用于食品的储存、鱼类养殖、疾病治疗等。

抗生素的发现和使用是人类的幸运。但随着抗生素的滥用，一些细菌很快便出现了耐药性，成为“超级细菌”，让人类的健康重新受到威胁。

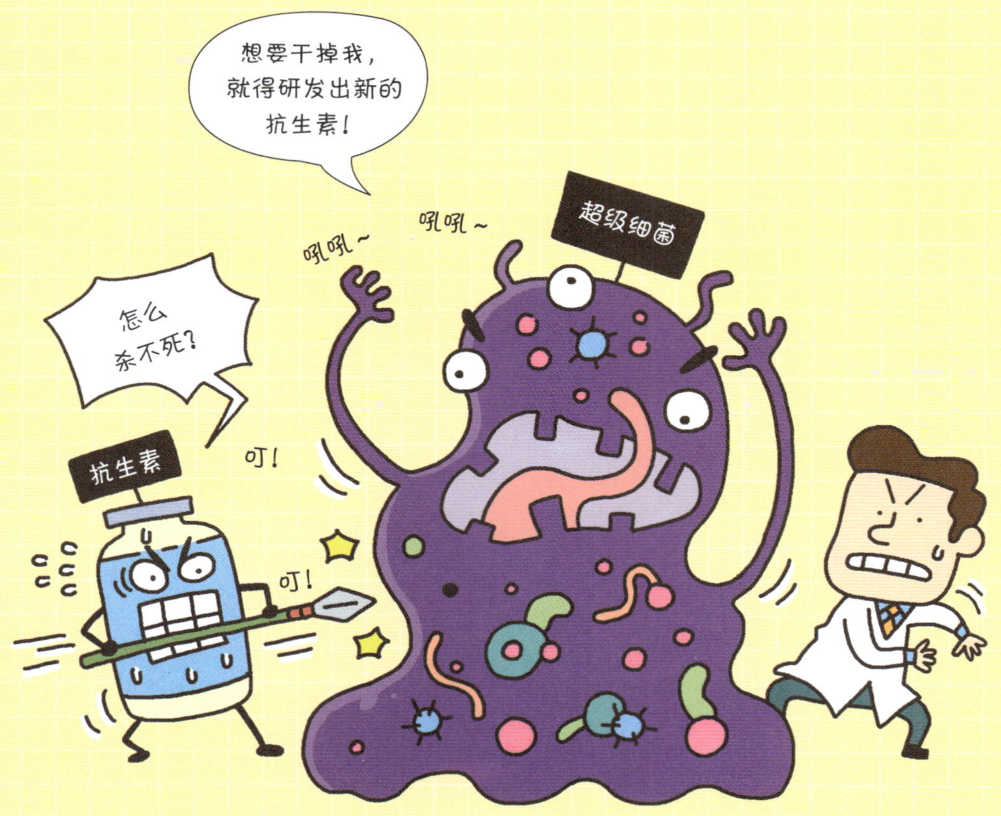

7 气体

空气有质量吗

空气是指覆盖在地球表面的混合气体。

空气的成分有氮气、氧气、稀有气体、二氧化碳等，其中氮气的体积分数约为78%，氧气的体积分数约为21%，其他气体约占1%。

我们虽然肉眼看不到空气，但通过呼吸和风，可以感受到空气的存在。如果没有空气，我们不能呼吸，也不会有旗帜随风飞扬的场景。

常见误区 **空气有质量吗？**

日常生活中，我们感受不到空气的质量。但是用电子秤给充气前后的球称重，就可以发现充气后的球更重。150 m²的房间中装有的空气的质量约为200 kg。

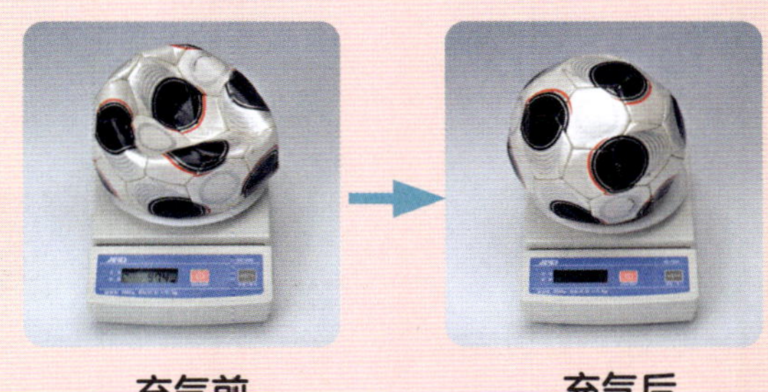

充气前 球的质量：97.4 g

充气后 球的质量：98.2 g

空气的构成

你对氧气的了解有多少

氧气是无色无味的助燃气体。

空气中氧气的含量约占21%。氧气可以用二氧化锰作催化剂分解过氧化氢制备，电解水时正极上也会生成氧气。绿色植物可以通过光合作用合成氧气。

氧气比空气稍重，基本不溶于水。

氧气是生物呼吸所必需的气体，也用于火箭推进的助燃、金属的熔接和切割。

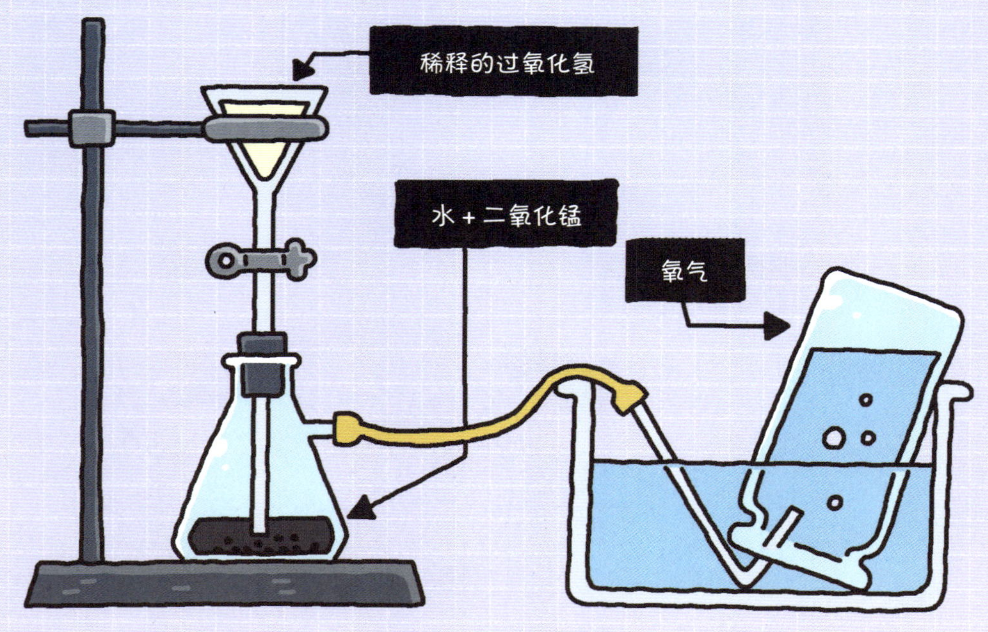

制备氧气的实验装置

来看看氮气

氮气是地球大气中约占78%的无色无味的气体。

氮是蛋白质的重要组成成分，氮气比空气略轻，不易溶于水。

氮元素经常被用于制造植物生长所需的肥料。

用氮气充满饼干包装内部可以防止饼干变软，也可以保护饼干，防止其破碎。

什么是过氧化氢（H_2O_2）

过氧化氢是由氢原子和氧原子构成的无色液体。

过氧化氢最早于1818年由法国化学家泰纳尔制成。2%～3%浓度的过氧化氢溶液可用于消毒。其分解会产生氧气，可用于去除沾在衣服上的咖啡、果汁等污渍。

高浓度的过氧化氢会腐蚀皮肤，遇金属反应剧烈，有可能会发生爆炸，使用时应注意。

什么是催化剂

催化剂自身不会发生改变，但可以加快或减慢其他物质化学反应的速率。

催化剂的质量和化学性质在化学反应前后不会发生改变。使化学反应加快的催化剂，叫作正催化剂；使化学反应减慢的催化剂，叫作负催化剂。

将少量的二氧化锰放入过氧化氢溶液中，二氧化锰可以加快过氧化氢的分解，因此，二氧化锰是一种正催化剂。

面包中的防腐剂可以减慢面包变质的速度，此时它就是一种负催化剂。

快把火熄灭

不满足燃烧的条件，就可以把火熄灭。

隔绝氧气

将温度降低至着火点以下

隔绝可燃物

灭火和燃烧的概念相对。通常，燃烧的三个条件是可燃物、温度达到可燃物燃烧的最低温度（也叫着火点）和氧气。这三个条件中有任何一个不满足，就可以把火熄灭。

什么是燃烧

燃烧是指物质与氧气反应后产生光和热的现象。

一般来说，物质燃烧需要三个必不可少的条件：氧气、可燃物和达到可燃物燃烧所需的最低温度。

燃烧的种类分为氧气充足的完全燃烧和氧气不足的不完全燃烧两类。不完全燃烧时，容易产生烟和灰。

山火也是一种燃烧

知识拓展 **木材完全燃烧不产生烟尘**

木材在氧气充分的条件下发生的燃烧，只生成水和二氧化碳，几乎没有烟灰。

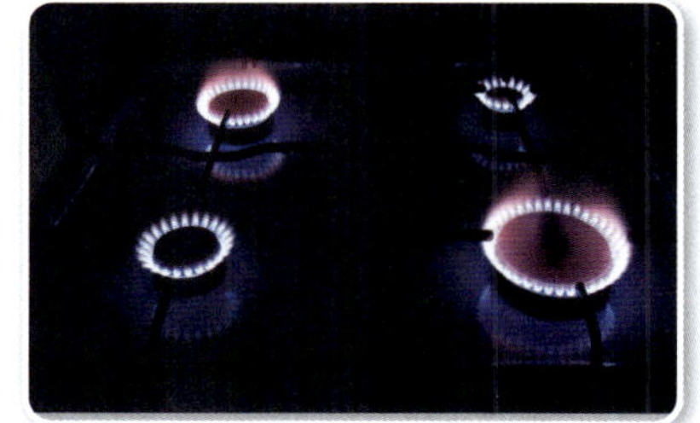

天然气完全燃烧呈蓝色，不完全燃烧呈红色。

看，火柴头最先着火

着火点是指物质开始燃烧的温度。

每种物质都有固定的着火点，着火点越低，越容易被点燃。要想让物质燃烧，温度必须等于或者高于物质的着火点。

在铁板上放上火柴头、木头和木炭，然后加热铁板，着火点较低的火柴头会最先开始燃烧。

着火点(℃)	100%酒精	白磷	红磷	木头	木炭	无烟煤
	12	40	240	250~330	320~370	700~750

不同物质的着火点

你会使用灭火器吗

灭火器是利用化学物质灭火的装置。

灭火器里的物质有液体、泡沫或粉末。灭火时，灭火器可以快速喷出内部物质，降低可燃物的温度并隔绝空气，最终把火熄灭。

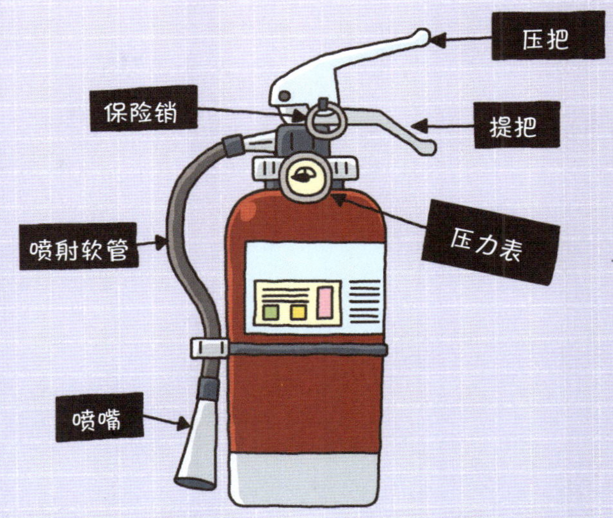

灭火器使用方法

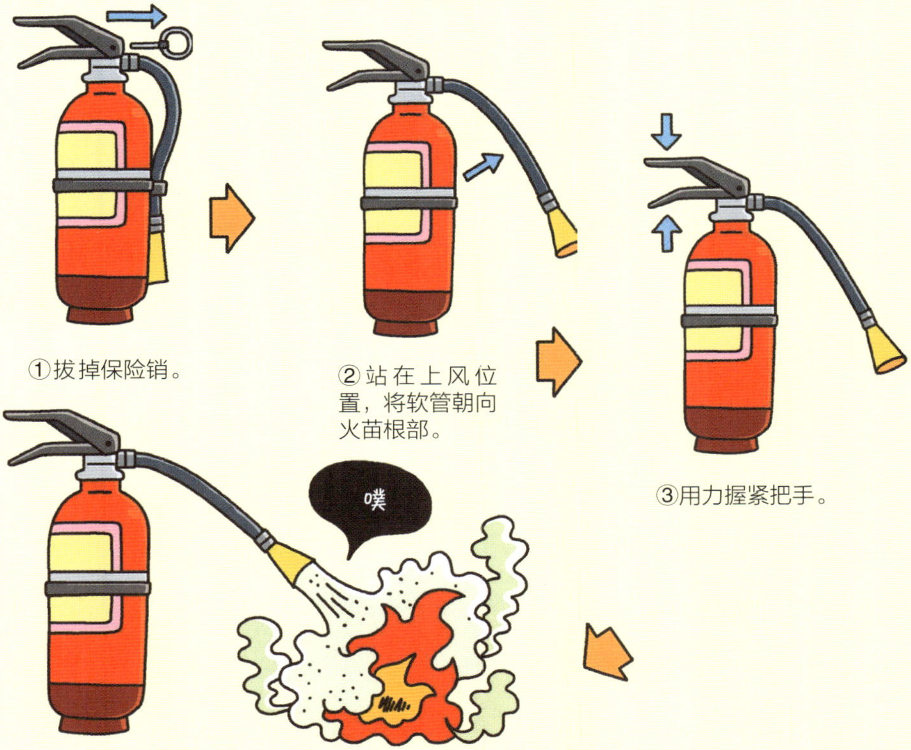

①拔掉保险销。

②站在上风位置，将软管朝向火苗根部。

③用力握紧把手。

噗

④对准火苗根部喷射。

知识拓展 灭火器的种类

干粉灭火器：瓶内的化学物质可以覆盖在可燃物的表面，隔绝空气，达到灭火目的。

二氧化碳灭火器：二氧化碳存放在灭火器瓶内时为液态，喷出时为气态，这一过程会吸收热量，从而可以降低周围的温度。二氧化碳喷出时如果碰到手，可能会造成冻伤。二氧化碳比空气重，可以覆盖可燃物，隔绝氧气。二氧化碳灭火器多用于电器引发的火灾。

卤代烷灭火器：卤代烷存放在灭火器瓶内时为液态，喷出时为气态。这种灭火器主要通过抑制燃烧的化学反应过程，达到中断燃烧的目的。虽然这种灭火器的效率高，但卤代烷对大气臭氧层破坏性很大，现已属于消防淘汰产品。

制作简易灭火器

在瓶子里放入三分之一的醋。

在一张面巾纸上放一勺左右的碳酸氢钠，包起来，用线系好。

将面巾纸悬挂在瓶子口。

在瓶子里插一根吸管，然后用橡皮泥固定住吸管并封住瓶口。

把瓶子倾斜，让碳酸氢钠与醋发生反应，生成二氧化碳。

让吸管朝向点燃的蜡烛，二氧化碳隔绝氧气，从而熄灭蜡烛。

什么是氖气

氖气是无色无味的惰性气体。

氖气的英文单词Neon源自希腊语Neos，意为新颖。氖气是空气中含量为0.00182%左右的非常轻的气体。

霓虹灯

将氖气放入玻璃管中，在电场的激发下，氖气能发出橘红色的光，因此氖气可制成霓虹灯。霓虹灯是氖灯（Neon Light）的音译。霓虹灯中也可以加入其他气体，颜色相应地变得不同。

氢气是地球上最轻的气体

氢气无色无味，但属于可燃性气体。

氢气是最轻的气体，人们曾在气球和热气球内充入氢气。但是，由于氢气是可燃性气体，存在爆炸的危险，因此现在不再灌充氢气。

可以用水无限量地制备氢气，而且氢气燃烧后只会产生水，不会产生其他污染物质，所以人们正在研究如何将氢气作为燃料使用。氢气的缺点是不易储存，且用水制备氢气的费用十分昂贵。

用于庆典的气球，都已改为用安全性更高的氦气。

什么是氩气

氩气是钨丝灯泡中常用的气体。

空气中含量最多的气体是氮气，其次是氧气和氩气。1894年，英国科学家威廉·拉姆齐首次从空气中分离出了氩气。

钨丝灯泡

氦气有哪些优点

氦气是不可燃、稳定、质量轻的气体。

氦气非常轻（仅重于氢气），还是不可燃气体，所以经常被用于填充气球和飞艇。液体氦气是地球上温度最低的物质，可用于进行超导体的研究。

填充氦气的热气球

太阳

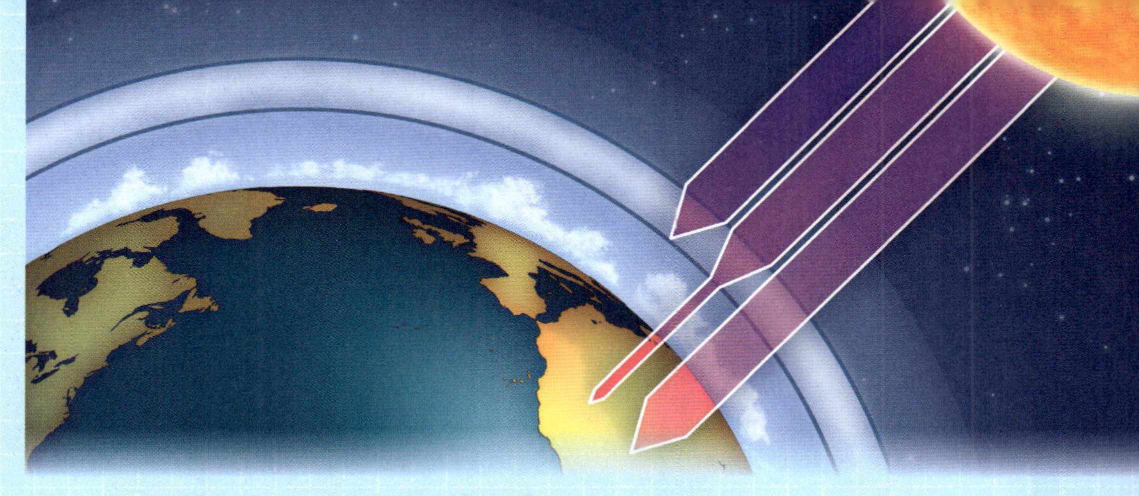

你对臭氧的了解有多少

臭氧是有特殊气味的淡蓝色气体。

臭氧的英文单词（Ozone）来源于希腊语Ozon，意为有味道。臭氧能溶于水，分解后会生成氧气，具有杀菌效果，在制作饮料或净化自来水的过程中可以用来杀死细菌。但是，臭氧对人体有害，如果空气中的臭氧增多，我们的眼睛和喉咙就会疼痛，还会头痛和咳嗽。此外，臭氧在大气层的高处形成臭氧层，能吸收太阳强烈的紫外线，保护地球上的生物。

臭氧污染气象预报能够提前告诉我们要注意空气中臭氧浓度超标。

你见过干冰吗

干冰是压缩二氧化碳制成的固体。

干冰的温度为−78 ℃左右，非常凉，用手触摸前一定要戴手套，否则会被冻伤。常温下干冰融化后不会变成液体，而是会吸收周围的热量，马上变成气体。干冰可以用于保存冰淇淋等冷冻食品。

知识拓展　干冰周围的白烟是二氧化碳吗？

将干冰放置在空气中，它周围会产生白烟。这是因为干冰吸收热量，使周围空气温度降低，空气中的水蒸气变成小水滴，形成了白烟。演出活动中，舞台上有时用干冰营造像雾一样朦胧的气氛。

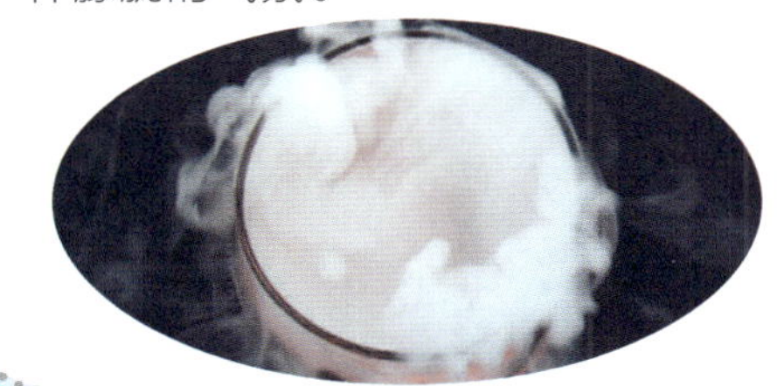

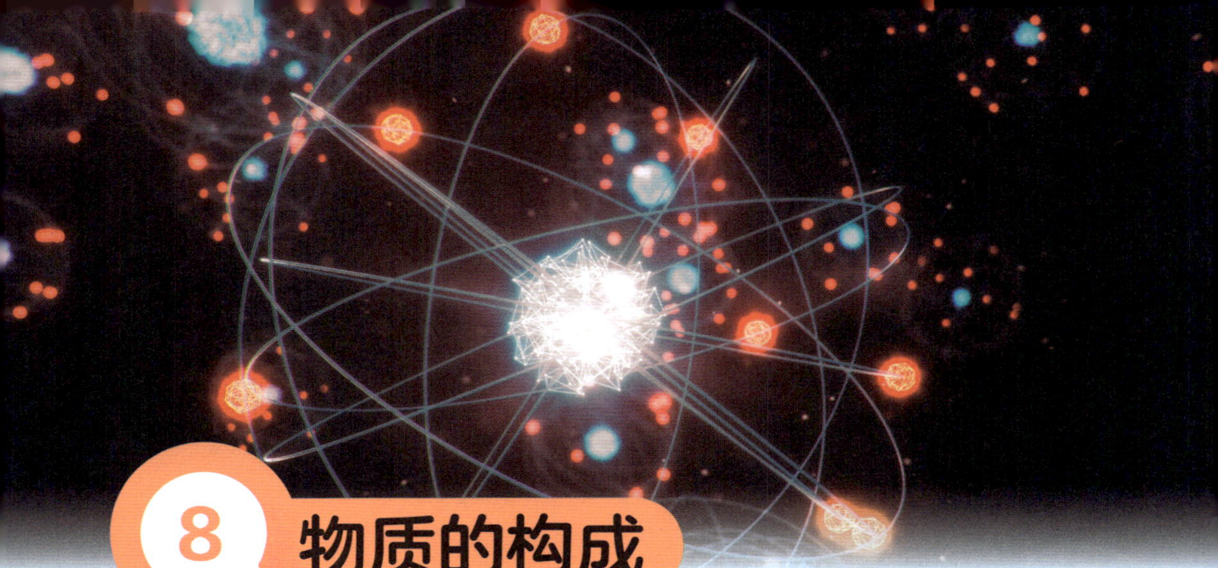

8 物质的构成

什么是原子

原子是化学变化中的最小粒子。

原子的体积很小，即使把100万个原子排成一排，在肉眼看来，也不过是一个小小的点。原子由带正电的原子核和带负电的电子构成，原子核由质子和中子组成。原子内的质子与电子数通常相同，质子数决定元素的种类。

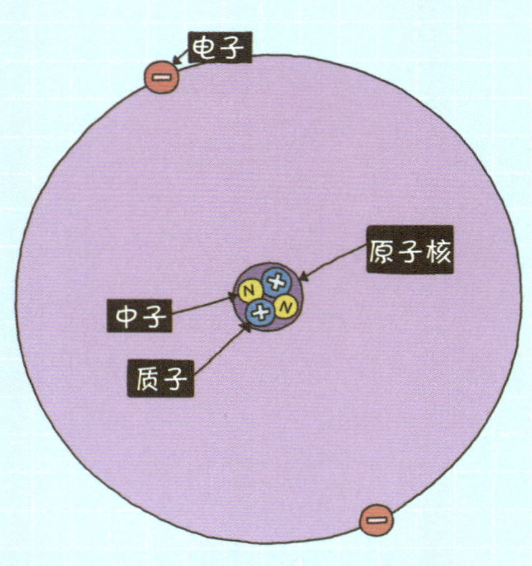

原子的构成示意图

什么是原子核

原子核位于原子中心，带正电。

原子核由质子和中子两种微粒靠强大吸引力结合而成，占据了原子绝大部分的质量。

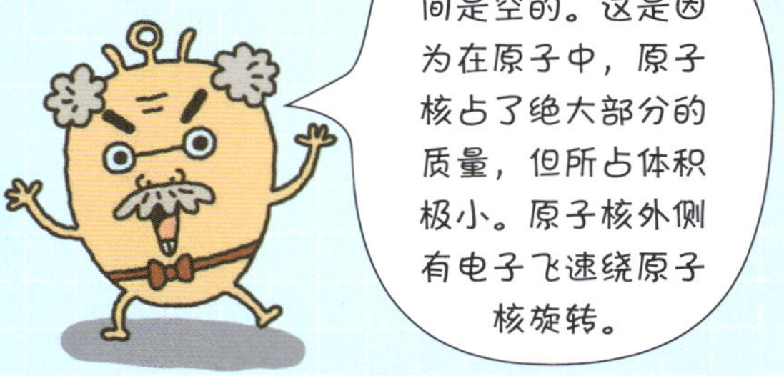

原子内的大部分空间是空的。这是因为在原子中，原子核占了绝大部分的质量，但所占体积极小。原子核外侧有电子飞速绕原子核旋转。

什么是离子

离子是原子因得失电子而变成带正负电荷的粒子。

原子或原子基团不带电荷，在失去带负电的电子后变成带正电的阳离子，得到带负电的电子后变成带负电的阴离子。

离子一般在电解质溶液中产生，例如，氯化钠（食盐）溶于水后，会变成钠离子（阳离子）和氯离子（阴离子）。

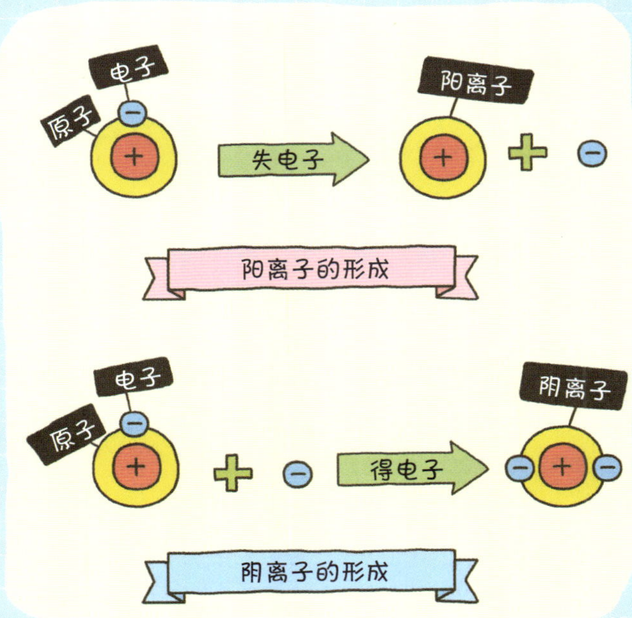

知识拓展　金属活动性

金属容易失电子，具有失去电子成为阳离子的倾向，这称为金属活动性。金属活动性越强，越易发生反应。所以，为了防止铁生锈，会在铁的表面涂上比铁的金属活动性弱的锡（Sn）。

元素有多少种

元素是组成物质的最基本成分。

元素有氢、氧、氮、铜等一百多种，大体上可以分为金属元素和非金属元素两类。按顺序将元素排列并给其编号，号码就是原子序数。国际上统一用元素拉丁文名称的首字母来表示元素，这就是元素符号。如果几种元素名称的第一个字母相同，就在第一个字母（必须大写）后面加上元素名称中另一个字母（必须小写）以示区别。所有物质都是由元素构成的，例如，水由氧和氢这两种元素构成。地球表面最多的元素是氧元素。

你对碳的了解有多少

碳是构成生命体的基本元素之一。

碳、氢、氧、氮是构成生命体的基本元素。碳在大气中以二氧化碳的形式存在，在水里则以碳酸根的形式存在。

碳也是煤炭和石油的主要成分，石墨和钻石仅由碳元素组成。通过测定化石、岩石和文物中碳元素的含量，就可以推测出它们的形成时期。

9 金属

金属有哪些特性

金属是指能导电、导热的具有金属光泽的物质。

金属具有延展性，既可以铺展成薄片，也可以拉成细丝。人类使用的金属一半以上是铁。除了水银以外的所有金属，在室温下都呈固态。

和其他物质混合在一起，金属可以变得更加坚硬或不生锈，这种金属叫作合金。

至今发现的元素有四分之三都是金属，如铁、铜、铅、钠、铝、金、银等。

什么是焰色反应

焰色反应是指某些金属元素的化合物燃烧时呈现的颜色。

做焰色反应的实验时，一般使用燃烧时不会发生任何反应的镍铬丝或者铂丝。

每种元素都有特定的光谱，不同的金属会让火焰呈现不同的颜色，因此可以通过焰色反应确定物质中含有哪种金属元素。

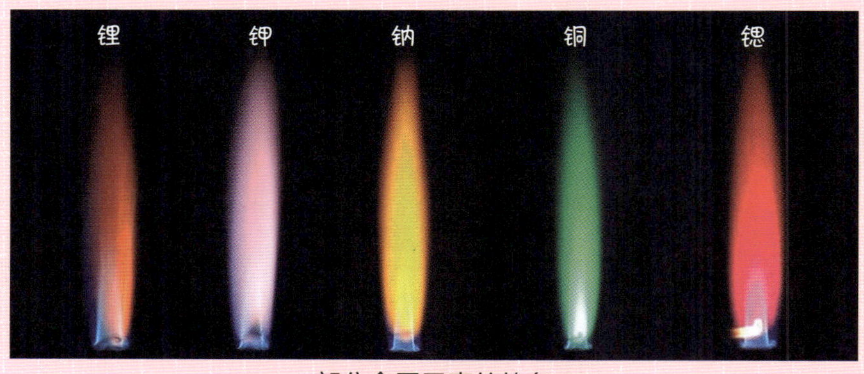

部分金属元素的焰色

什么是金属键

金属键是指金属阳离子和自由电子之间的吸引力。

金属原子是由带正电的原子核和带负电的电子组成的。金属的部分电子变成自由电子，失去电子的金属原子变成阳离子。金属阳离子和电子就像磁体的南北极一样相互吸引，形成金属键。金属能导电、导热，和自由电子的运动状态有关。由于金属键没有方向，所以金属可以像铝箔一样铺展开，也可以像铁丝一样拉长。

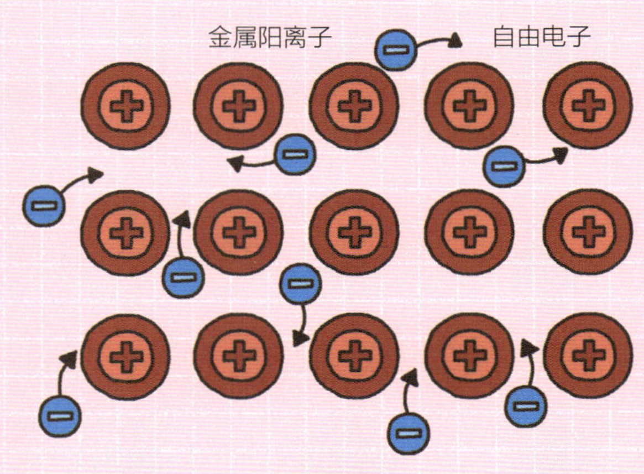

金属键

稀土是土吗

稀土是稀有金属矿物的统称。

一般来说，稀土包括镧、铈、镨、钕、钷、钐、铕、钆、铽、镝、钬、铒、铥、镱、镥、钪、钇这17种元素。

稀土主要用于制作手机零件、电池、液晶屏、照相机镜头、光纤、激光发射器等。

含有稀土的产品

神奇的形状记忆合金

记忆合金是加热就可以恢复原来形状的合金。

普通的金属形状一旦发生改变，较难恢复到原来的形状。然而将弹簧状的形状记忆合金拉直后放入热水，它就可以恢复成之前的弹簧形状，就像它记得原来的形状一样。代表性的形状记忆合金有镍钛合金。

1969 年，阿波罗 11 号登月舱的天线，就是用形状记忆合金制成的。

你知道炼金术的历史吗

中世纪在欧洲流行的化学哲学思想。

亚里士多德认为一个元素可以转换成另一个元素，为炼金术的物质转化理论提供了一定的理论依据。

炼金术最早起源于公元前的埃及亚历山大，11世纪左右扩散到欧洲多个国家，一直延续到18世纪。炼金术在广义上还包括研制长生不老药的技术。当人们证明亚里士多德所认为的一个元素可以转换成另一个元素的想法是错误的之后，炼金术时代终结。虽然炼金术是不科学的，但炼金术带动了化学实验的药品、仪器、装置的发明，大大推动了科学的发展。

10 溶液

什么是纯净物

纯净物是只由一种物质组成的物质。

纯净物的熔点、沸点、密度、溶解度、颜色、味道维持不变。因此要想知道某种物质是不是纯净物，可以查一查这种物质的熔点和沸点。

纯净物只由一种物质组成。组成纯净物的物质，可以是只由一种元素组成的单质，也可以是由两种或两种以上的元素组成的化合物。

单质

钻石

铜

化合物

蒸馏水

氯化钠（食盐）晶体

定比定律

化合物的每种成分的质量比是固定的。

定比定律由法国科学家普鲁斯特于1799年提出。无论是雨水还是海水，所有的水中氧和氢的质量比都是8:1。

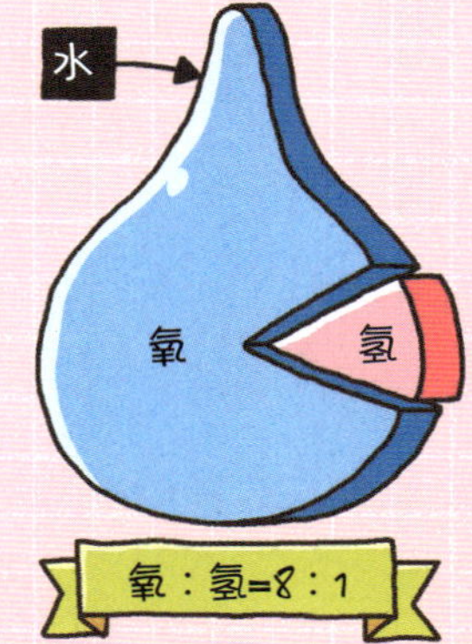

什么是混合物

混合物是由两种或两种以上的物质混合而成的物质。

混合物中的不同物质依旧具有自己的固有性质。例如，食盐和铁粉的混合物中，食盐和铁粉都保持着自己原本的性质，因此可以用磁铁分离出铁粉。像空气、食盐水一样，各种物质均匀混合的叫作均匀混合物；像泥浆、牛奶一样，没有均匀混合的叫作非均匀混合物。

知识拓展 混合物的分离

过滤法

将食盐和萘的混合物溶于水后，通过过滤将萘分离出来。

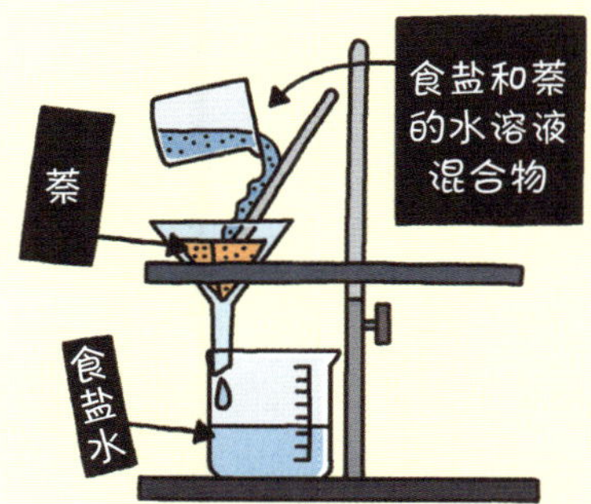

分液法

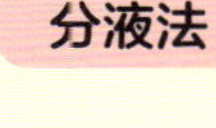

水和油的混合物会自然分层。将混合物放入分液漏斗中，水由于密度较大，会沉于下方，所以水会被先分离出来。

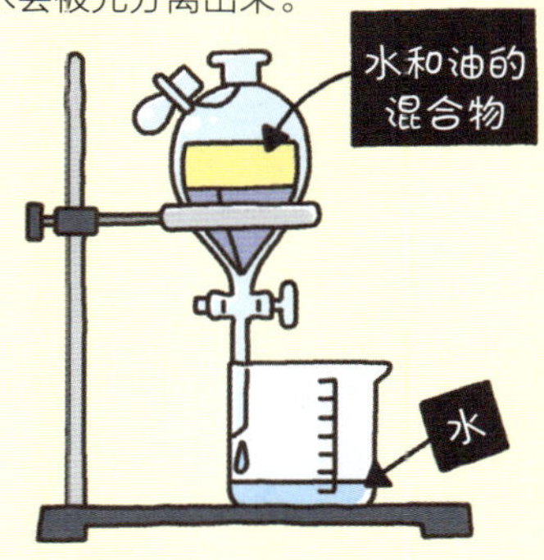

蒸馏法

将水和乙醇的混合物放入蒸馏瓶中加热，沸点较低的乙醇会首先蒸发，将蒸发出来的乙醇冷凝液化，这样就实现了分离。

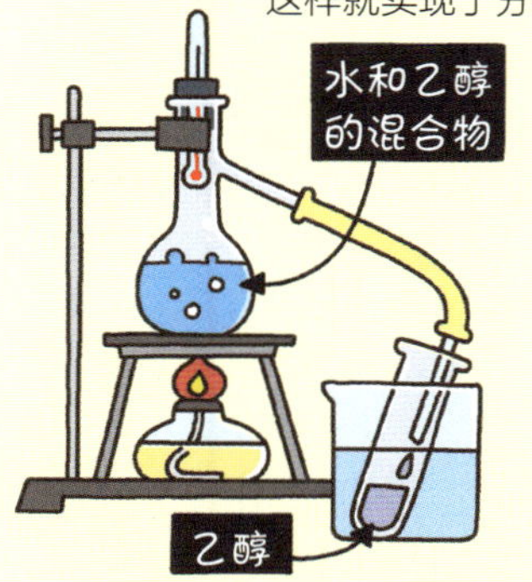

纸层析法

将签字笔的墨水溶于水中，利用各种色素在纸上的扩散速度不同的原理，达到分离的目的。

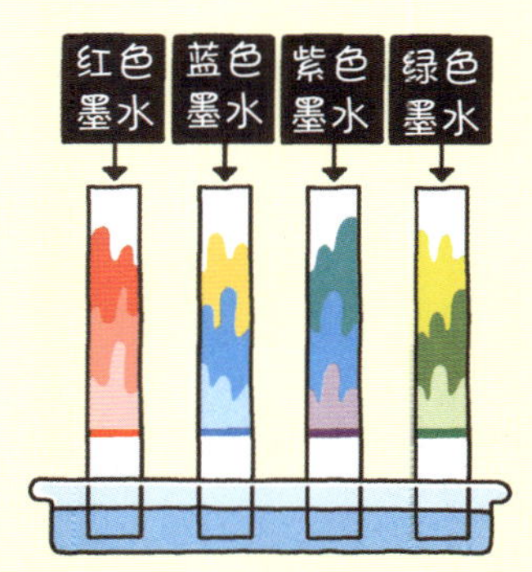

怎样分离混合物呢

过滤是根据固体在水中的溶解度不同，利用筛子、滤布或滤纸将混合物分离的方法。

将沙子和食盐的混合物倒入水中，食盐可溶，而沙子不可溶。将混合溶液慢慢倒入滤纸，不溶于水的沙子会被过滤出来，而溶于水的食盐会通过滤纸。这是由于沙子比滤纸上的小孔大，食盐颗粒溶于水后比小孔小。

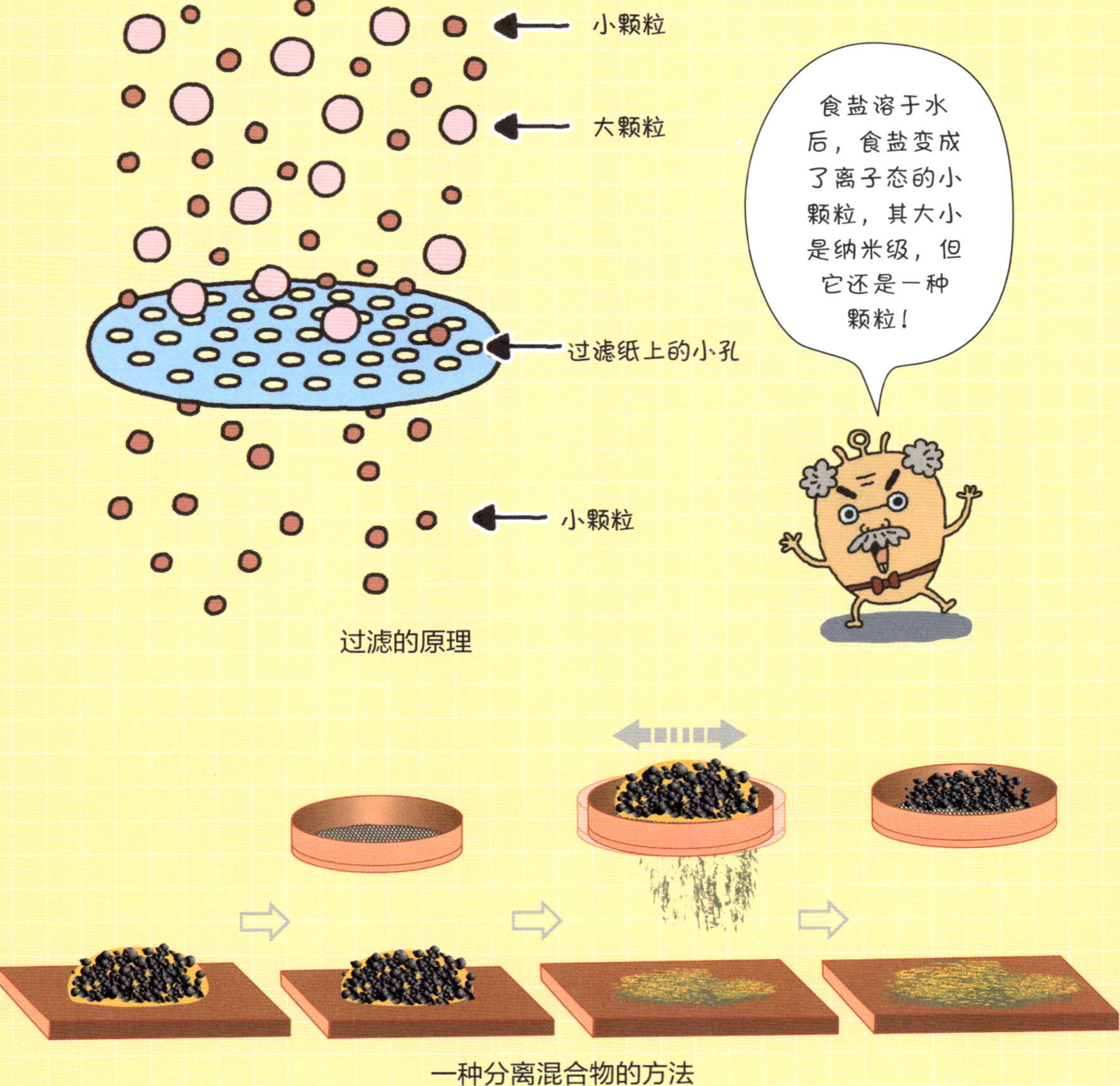

过滤的原理

一种分离混合物的方法

制作一个净水器

净水器是用活性炭等除去水中杂质的装置。

剪开塑料瓶底部，把棉花和纱布包在瓶嘴上，并用橡皮筋系紧。

分别将棉花、活性炭、磨碎的木炭、细沙、鹅卵石装入瓶中，便可制成净水器。

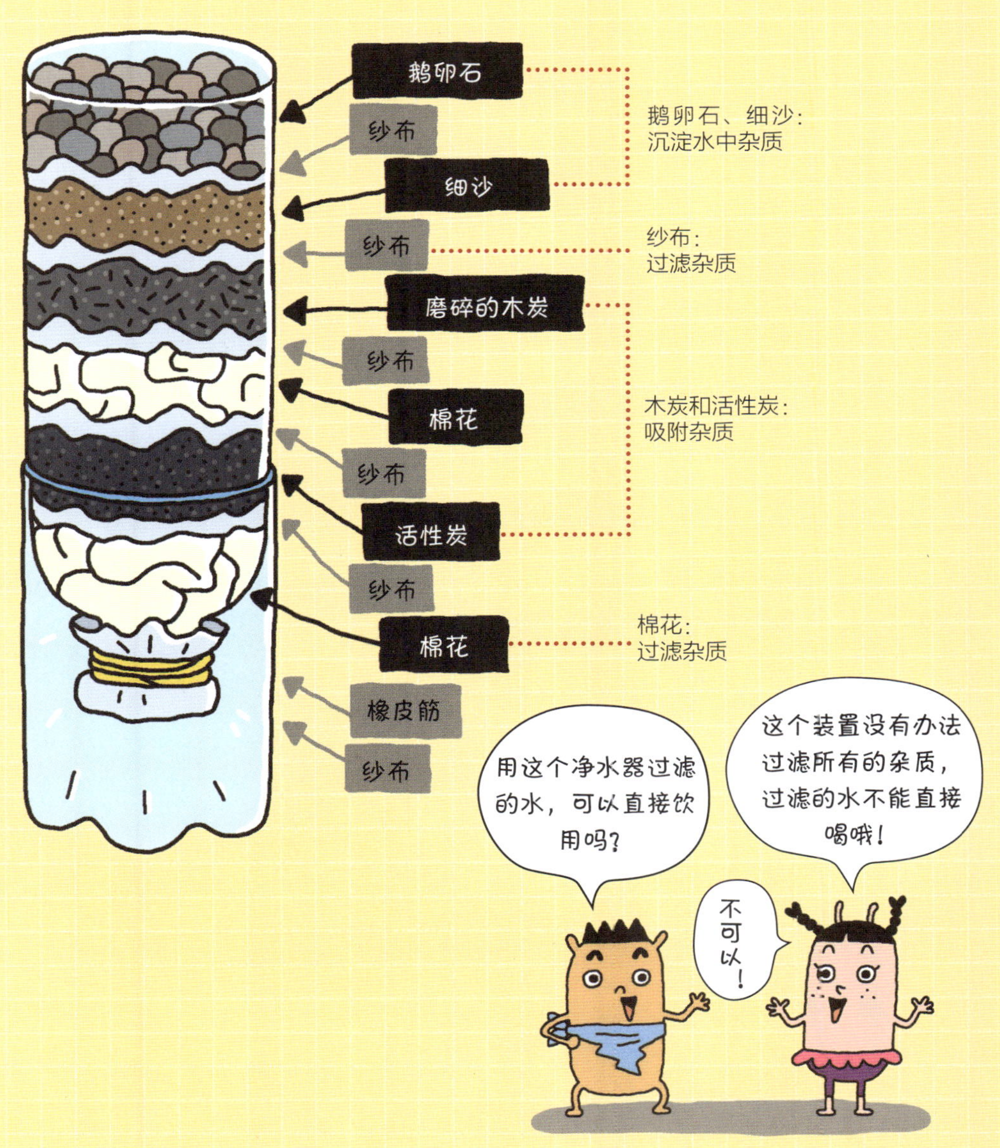

怎样进行污水深度处理

水被污染，不再干净卫生时采用的处理方法。

臭氧氧化法是利用臭氧消除水中的细菌、病毒、铁、锰、颜色、异味的方法。

活性炭法是利用活性炭内部的小孔可以吸附污染物的性质，除去水中的污染物和异味的方法。

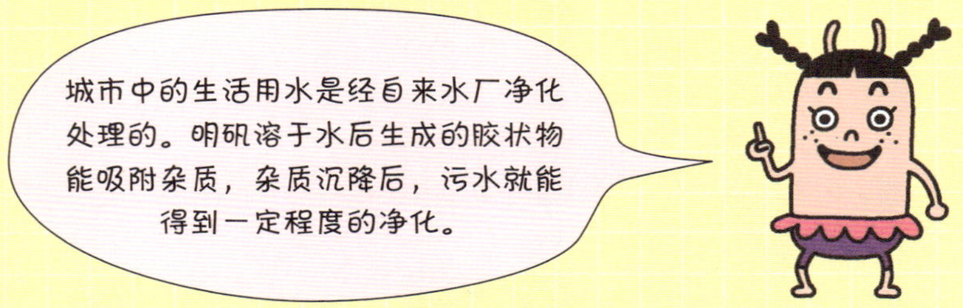

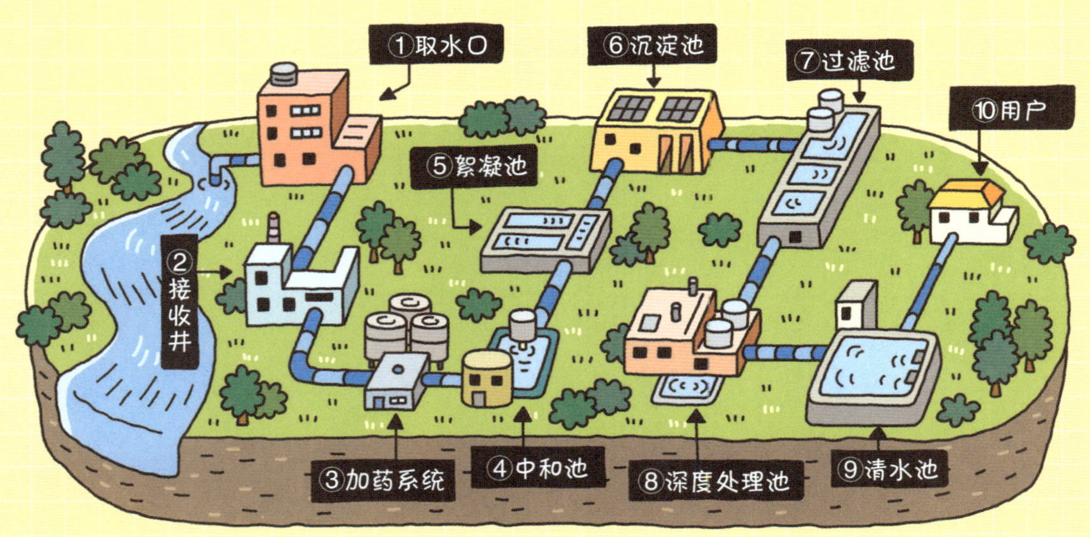

污水处理过程

什么是萃取法

萃取法是在混合物中加入只能溶解特定物质的溶剂，使特定物质分离出来的方法。

常用于萃取的溶剂有酒精、乙醚、苯等。

用溶剂来分离固体混合物中特定物质的萃取也叫“浸取”。例如，用酒精萃取黄豆里的豆油，来提高油产量。虽然萃取经常用到一些化学药剂，但并不会造成被萃取物质的化学成分的改变，所以萃取是物理过程。

什么是蒸馏法

蒸馏法是利用物质沸点的差异将混合物分离或提纯的方法。

蒸馏是指加热溶液使溶剂和溶质分离。加热溶液时，沸点较低的溶剂首先蒸发，留下溶质，这样就能够将两者分离。蒸馏可用于分离液体混合物，这种蒸馏叫作分馏。对液体混合物进行分馏时，沸点较低的物质首先被煮沸变成气体，沸点较高的物质在之后被煮沸变成气体。

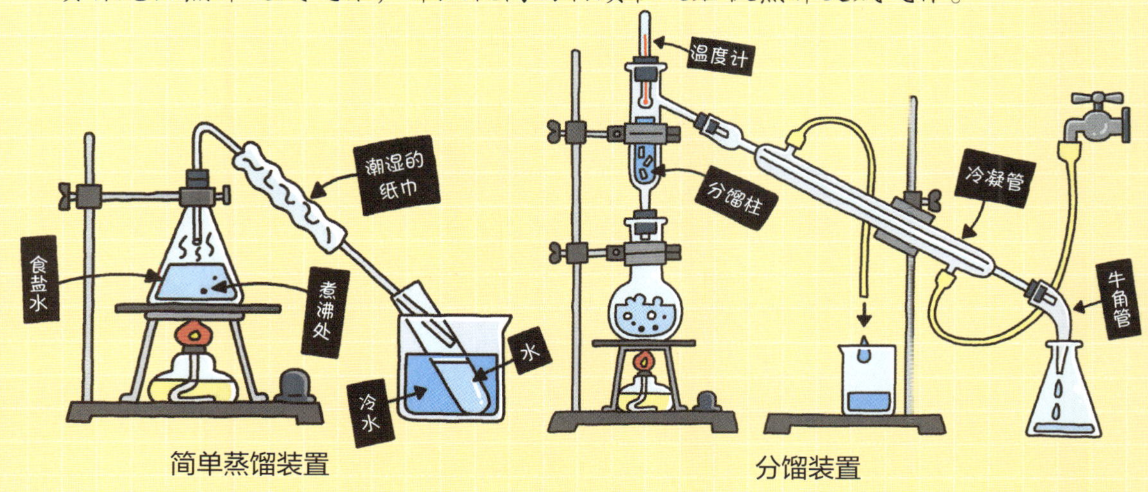

简单蒸馏装置　　分馏装置

什么是层析法

混合物里溶于溶剂中的不同物质，会以不同的速度被纸或薄膜吸附，利用吸附能力的不同就能达到分离混合物的目的。

层析法主要用于分离少量的混合物。

签字笔里的墨水和花瓣都是由多种色素混合而成的，这些色素的性质非常相似，且需要分离的量很少。用纸蘸取这些色素，再将纸的一头浸入水中，色素就会在纸上扩散。不同的色素在纸上的吸附程度不同，所以扩散的速度也不同，纸上就会产生多条带状的色带，从而实现分离。也可以用粉笔替代纸。

日常生活中有时需要进行物质的分离。比如，我们需要对农作物进行农药残留成分的分离，对体内血液中的药物进行分析，对运动员的尿液或血液进行兴奋剂成分的分离检测等，这些也可用层析法进行。

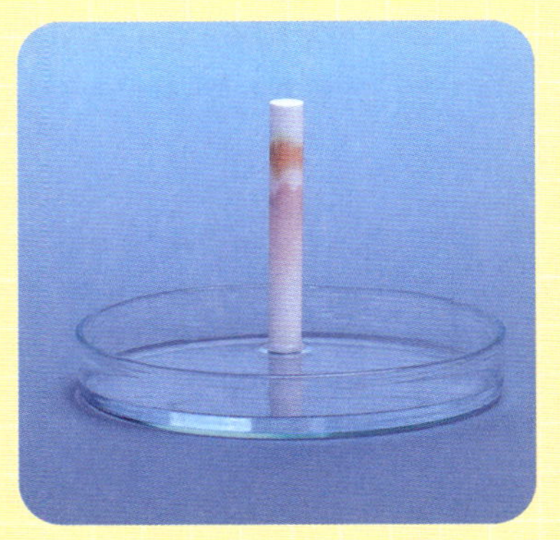

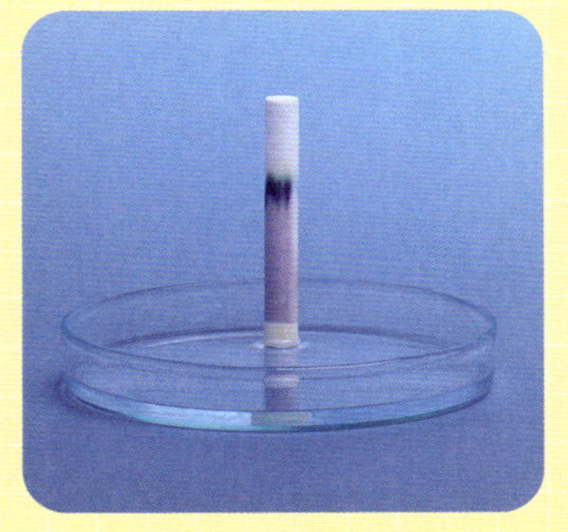

用粉笔进行层析

溶液多指水溶液

溶液是指两种以上的物质混合形成的混合物。

一般情况下，混合液体、溶解了固体或气体的液体，都被称为溶液。溶剂是水，则形成水溶液；溶剂是酒精，则形成酒精溶液。通常来说，溶液多指水溶液。溶液中任何部分的成分都相同，长时间放置也不会产生沉淀，用滤纸过滤也不会出现固体颗粒。虽然会有颜色，但溶液是透明的。

知识拓展　将溶质溶于水得到的溶液

在地球上的各种溶剂中，水能溶解的溶质种类最多。把黑糖溶于水中得到的溶液就是黑糖的水溶液，把氯化钠溶于水中得到的溶液就是氯化钠的水溶液。我们常说的溶液一般就是指水溶液。

黑糖的水溶液

溶剂和溶质

以盐水为例，水是溶剂，盐是溶质。

液体和固体混合时，液体为溶剂。两种液体混合时，量多的为溶剂。以盐水为例，水是溶剂，盐是溶质。

溶质是溶解于溶剂中的物质。溶质可以是固体、液体或气体。盐水的溶质是盐，酒的溶质是酒精，氨水的溶质是氨气。

什么是溶解

溶解是一种物质均匀混入另一种物质的现象。

在水中加入糖搅拌，糖会溶化成肉眼不可见的小颗粒，与水均匀混合在一起。我们可以通过甜味感知到水中含有糖。

一般来说，将固体溶于液体时，温度越高，溶解的固体就越多；将气体溶于液体时，温度越低，溶解的气体就越多。

知识拓展　什么是溶解氧？

溶解氧是指水中溶解氧气的量。溶氧量越高，越有利于水中的生物生存。溶氧量是表现水污染程度的指标，河流上游比较干净，水中溶氧量也较高，而污染严重的水中微生物消耗氧气较多，所以溶氧量较低，这样的水会变臭。

什么是析出

一般来说，饱和溶液的温度降低，溶质就会析出重新变成晶体。

100 g的水在60 ℃时可以完全溶解大约40 g的氯化钠，但如果把溶液的温度降低到0 ℃，溶液中就会产生氯化钠结晶。

用明矾溶液打湿缠绕着毛线的铁丝，随着溶液中的水分蒸发，明矾晶体析出。

析出的明矾晶体

饱和溶液和不饱和溶液

在一定温度下，溶解的溶质达到了最大量，溶剂无法再溶解更多溶质的溶液就是饱和溶液，还能溶解更多物质的溶液就是不饱和溶液。

如果不停地往烧杯中加入硼酸直到无法再溶解，一定会有多余的硼酸沉在烧杯底部。过滤掉溶液中沉底的硼酸，剩下的溶液就是饱和溶液。在一定温度下，100 g 溶剂可以溶解溶质的最大量叫作溶解度。饱和溶液就是溶解的溶质的量达到了溶解度的溶液。一般情况下，如果温度升高，饱和溶液还可以溶解更多的溶质。

生活中的大多数溶液是不饱和溶液。增加溶剂或是提高温度，都可以使饱和溶液变成不饱和溶液。比如，冷水只能溶解少量的糖，但如果进行加热，就会变成不饱和溶液，就可以溶解更多的糖。反过来，如果降低溶液的温度，或是放入更多的溶质，就会成为饱和溶液。

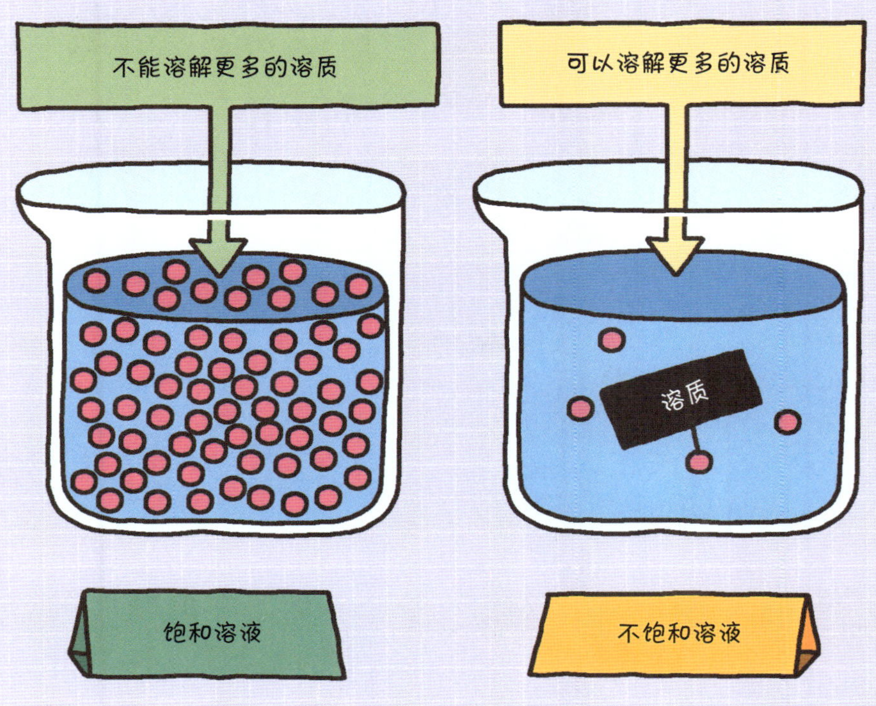

你会计算浓度吗

浓度是指溶液中溶质的多少。

对于有色溶液来说，可以通过颜色的深浅来判断溶液浓度的大小。等量的溶液中含有的溶质越多，浓度越高。浓度高的溶液密度大，溶液中的物体更容易浮起来。表示溶液浓度的方法很多，这里主要介绍溶质的质量分数。溶液中溶质的质量分数是溶质质量与溶液质量之比。

$$溶质的质量分数=\frac{溶质的质量（g）}{溶液的质量（g）}\times 100\%$$

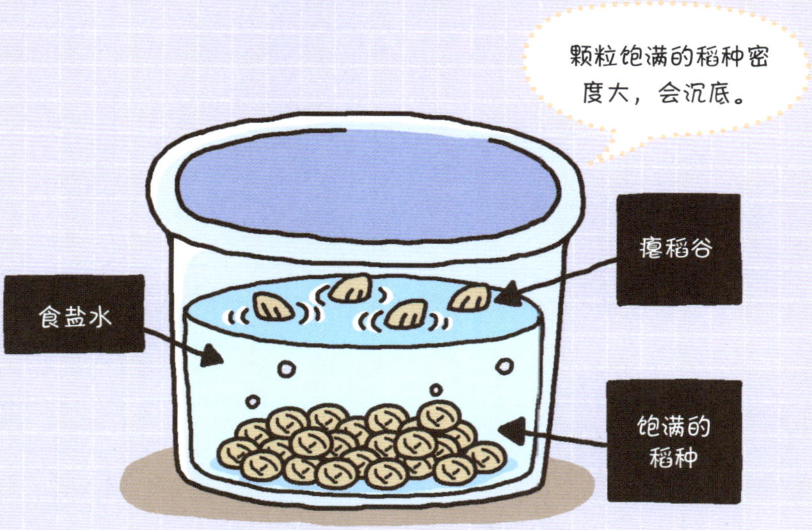

什么是溶解度

溶解度是指在一定温度和压力下，物质在一定量溶剂中溶解的最大量。

在水中放入一勺糖，进行搅拌，刚开始白糖会溶化，但溶解的量达到一定值后，糖就不会再溶化了。即在一定温度下，在一定量溶剂里溶质的溶解量都有一个固定的限度，溶剂达到饱和状态时溶解的溶质的质量就是溶解度。

通常，固体的溶解度随着温度升高而增加，气体的溶解度随着温度降低而增加。

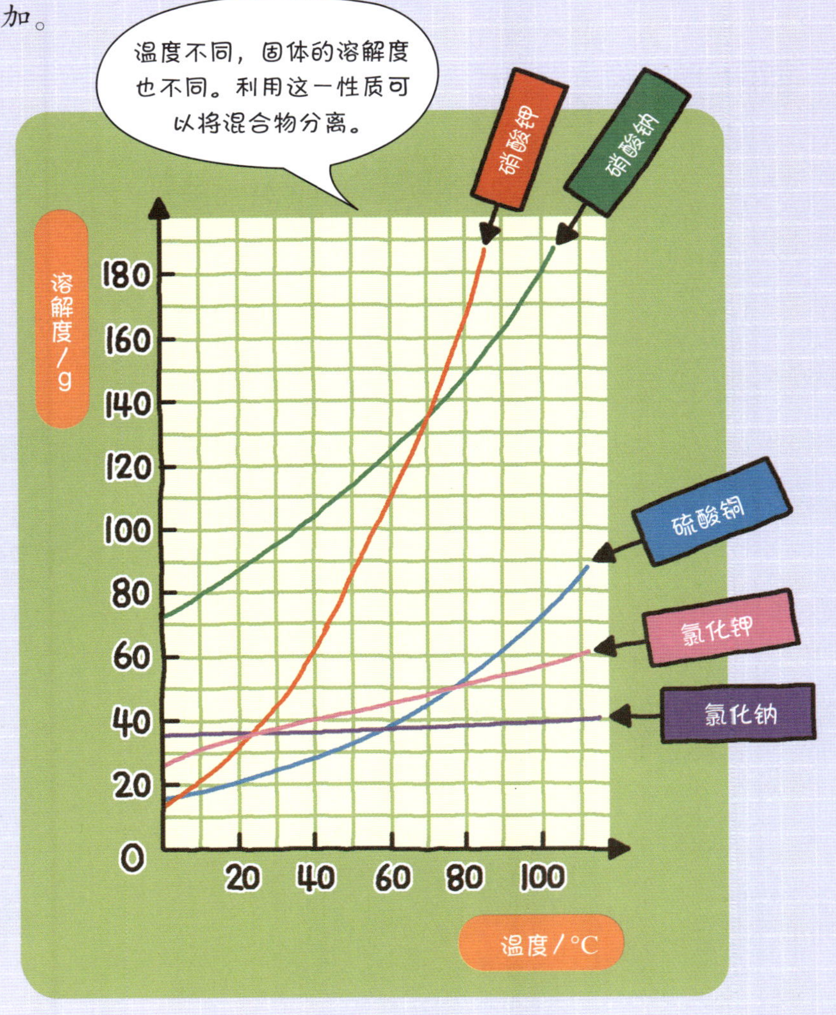

什么是过饱和溶液

过饱和溶液是指在一定温度下，溶液中溶质的浓度已超过该温度溶质的溶解度，而溶质仍未析出的溶液。

将已达到溶解度的溶液缓慢冷却，或将溶剂缓慢蒸发时会产生过饱和溶液。过饱和溶液的状态非常不稳定，轻轻搅动或放入溶质颗粒都会结晶，形成沉淀。

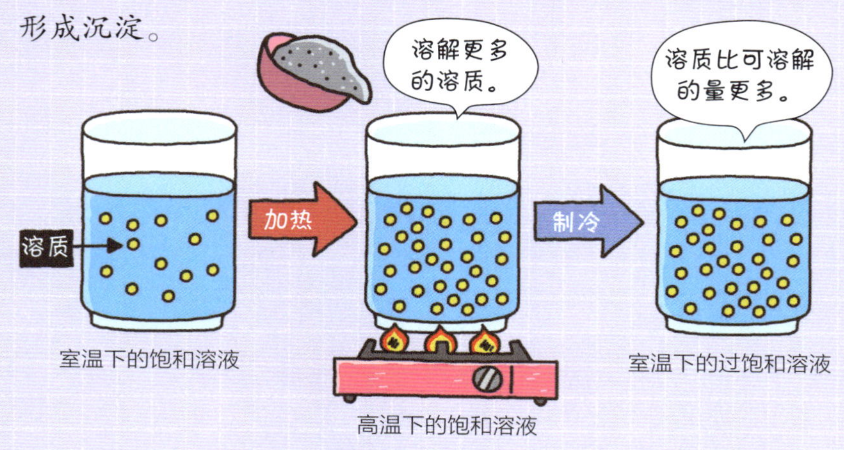

成为过饱和溶液的过程

什么是重结晶

重结晶是将溶解度随温度变化较大的物质，在高温下制成饱和溶液，然后冷却得到纯净的晶体的方法。

利用重结晶可以去除杂质得到纯净物，还可以让晶体的形状变得整齐或得到更大的晶体。

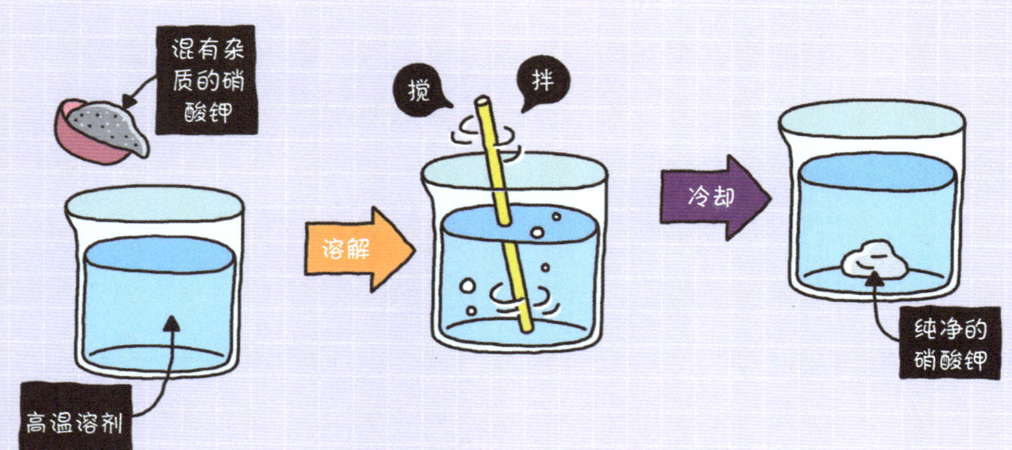

制作卤水豆腐

用海水晒盐，残留于盐池内的母液就是卤水。

冷却饱和溶液可以获得晶体，蒸发饱和溶液也能获得晶体。用海水晒盐，食盐晶体会逐渐从海水中析出，这时残留于盐池内的母液，主要成分为氯化镁、硫酸钙等。这种母液也被称为苦卤。母液蒸发冷却后析出氯化镁等的结晶，就是卤块。稀释卤块，就制成了卤水。卤水是制作豆腐常用的凝固剂，可以使豆浆中的蛋白质凝结。

知识拓展 豆腐的做法

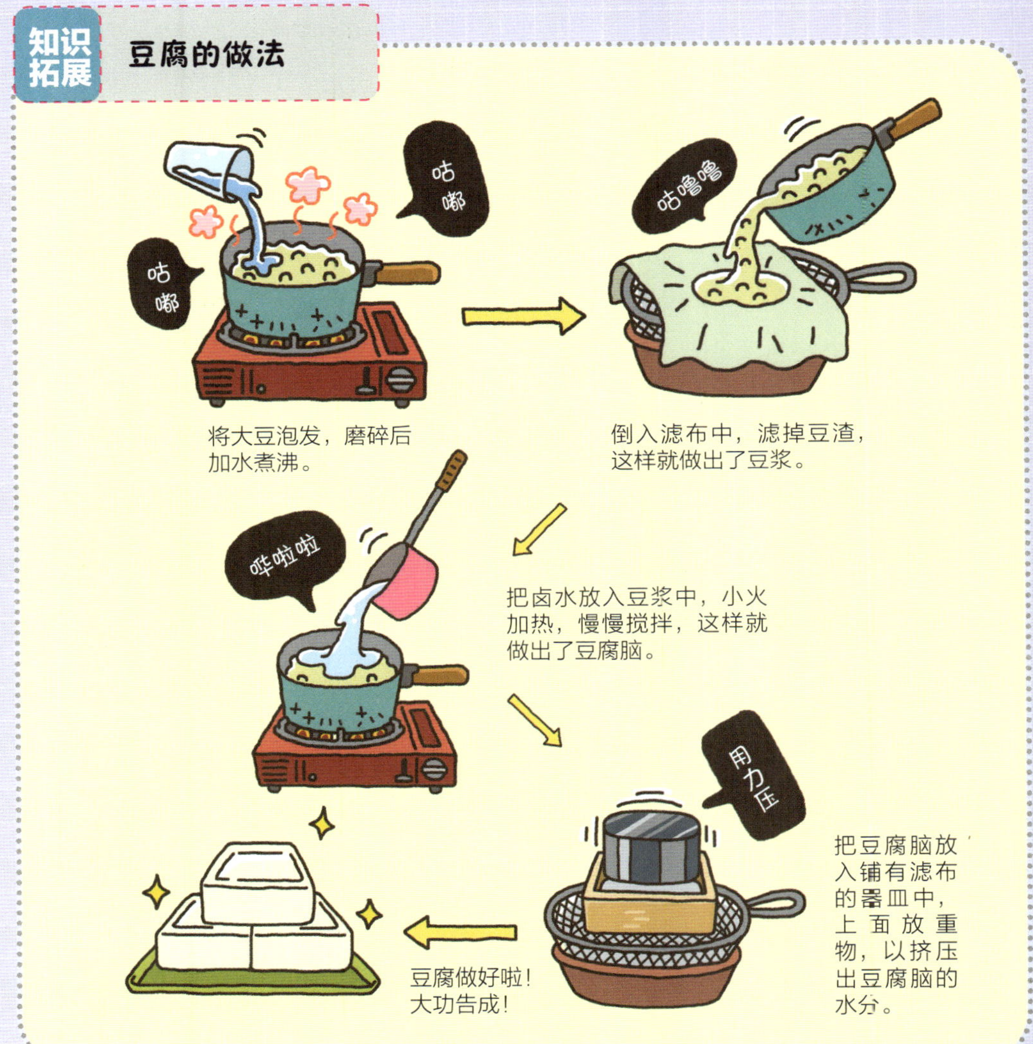

将大豆泡发，磨碎后加水煮沸。

倒入滤布中，滤掉豆渣，这样就做出了豆浆。

把卤水放入豆浆中，小火加热，慢慢搅拌，这样就做出了豆腐脑。

把豆腐脑放入铺有滤布的器皿中，上面放重物，以挤压出豆腐脑的水分。

豆腐做好啦！大功告成！

什么是表面活性剂

表面活性剂是指能降低溶液表面张力的物质。

表面活性剂的一端为亲水基团，另一端为疏水基团。代表例子是肥皂，肥皂溶于水后，疏水基团与油污结合，亲水基团与水结合，油污从而脱落。肥皂沫漂浮在水面的原因是疏水基团导致水表面的张力增加。

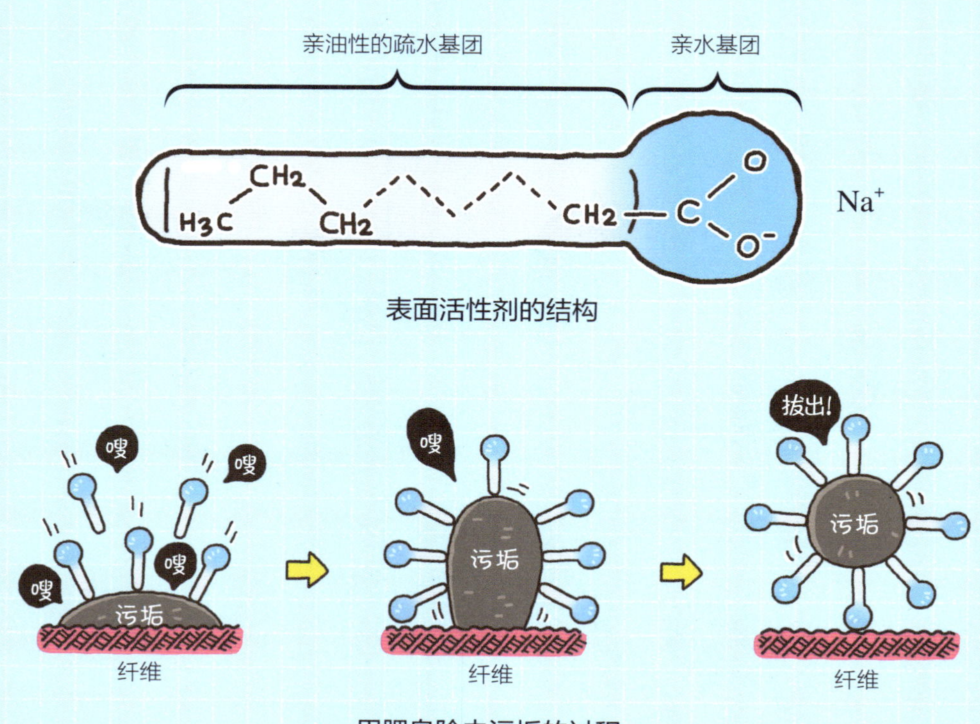

表面活性剂的结构

用肥皂除去污垢的过程

知识拓展 生物表面活性剂

大多数表面活性剂是人工合成的。后来人们发现细菌、真菌等微生物会产生一种表面活性剂，这种活性剂易被生物完全降解，无毒性，无副作用，对生态安全。现在生物表面活性剂已经用于开采石油、开发新药品、制作肥料等。

什么是疏水性

疏水性是指分子与水互相排斥的性质。

组成物质的分子结构如果不是对称的，就会出现一部分为正极，一部分为负极的情况，水分子是最具代表性的极性分子。但如果组成物质的分子结构是对称的，就不会出现这样的极性现象，油的分子是最具代表性的非极性分子。非极性分子无法溶于属于极性分子的水中，也就是有疏水性。

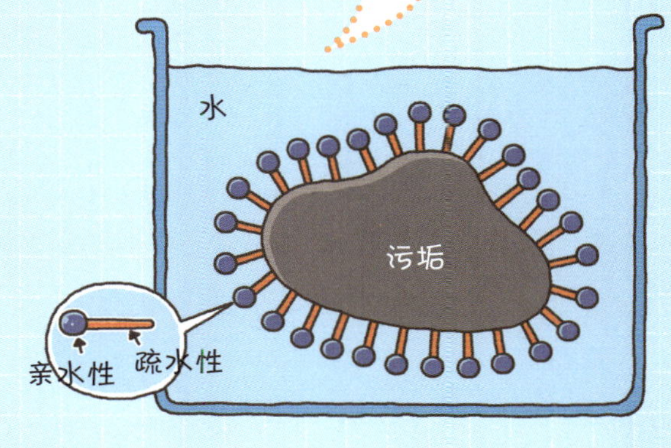

你用凤仙花汁染过指甲吗

媒染剂是能使染料更易染于布料或丝线的物质。

用凤仙花汁染手指甲时使用的明矾就是一种媒染剂。传统的媒染剂有草木灰水、醋酸亚铁和明矾。

草木灰水是将多种草木灰溶于水中所得的溶液。醋酸亚铁是一种无机盐，可以用醋酸和氧化铁制得。明矾呈白色颗粒状，也是使用最多的媒染剂。近来也会使用一些化学合成的药剂如铝盐、铜盐等。

凤仙花

什么是石灰水

石灰水是氢氧化钙的水溶液。

石灰水是无色透明的碱性溶液。将二氧化碳通入石灰水，会产生不溶于水的白色碳酸钙，使得溶液变成浑浊的乳白色，因此可以用石灰水来确认水中是否有二氧化碳。

如果向石灰水中通入过量的二氧化碳，碳酸钙就会转化为溶于水的碳酸氢钙，溶液也会再次变得透明。

知识拓展 饱和石灰水和澄清石灰水的区别

饱和石灰水是指熟石灰溶解达到饱和的水溶液。可能是澄清的，也可能是浑浊的（浑浊的原因是含有未溶解的熟石灰）。

澄清石灰水指不含未溶解的熟石灰的水溶液。澄清石灰水可能是饱和的水溶液，也可能是不饱和的水溶液。

检验淀粉存在的方法

碘-碘化钾溶液是指碘和碘化钾的水溶液。

碘-碘化钾溶液与淀粉混合后，溶液中的碘分子就会进入淀粉分子中间，产生一种深蓝色物质，我们利用这种颜色变化来检验淀粉的存在。

酸碱指示剂

酸碱指示剂是用于检测溶液酸碱性的试剂。

酸碱指示剂的颜色会根据pH的变化而变化，所以可以检测出被检测物是酸性还是碱性的。石蕊试纸、酚酞溶液、溴麝香草酚蓝（BTB）溶液、甲基橙溶液等是较为常见的酸碱指示剂。

酸碱指示剂	酸性	中性	碱性
蓝色石蕊试纸			
红色石蕊试纸			
溴麝香草酚蓝溶液			
酚酞溶液			
甲基橙溶液			

知识拓展 酸碱指示剂的发现者

在一次做实验时，英国的科学家波意耳把浓盐酸溅到紫罗兰花上，发现花瓣变红了。怀着好奇、探索的精神，他发现许多花的花瓣在遇到酸性或者碱性液体时会变色，而石蕊的变色效果最好。后来，人们制作出了酸碱指示剂。

石蕊试纸

石蕊试纸是用于检验溶液的酸碱性的试纸。

先用石蕊地衣制出石蕊溶剂，再加入酒精，将滤纸浸入其中，晾干即制成石蕊试纸。石蕊试纸遇酸变红，遇碱变蓝。

石蕊地衣

红色石蕊试纸变色

蓝色石蕊试纸变色

知识拓展 **天然酸碱指示剂**

紫甘蓝、牵牛花、鸢尾花、玫瑰、黑豆等植物的花或果实中含有红、蓝、绿、紫等色的花青素，可以用作酸碱指示剂。紫甘蓝的花青素遇酸变红，遇碱变蓝。

制作紫甘蓝酸碱指示剂

酚酞溶液

酚酞溶液是将酚酞溶于乙醇制得的溶液。

酚酞溶液遇酸性或中性物质，颜色基本不发生改变，但遇肥皂水、氢氧化钠、石灰水等碱性物质，溶液颜色会变成红色。

所以，酚酞溶液可以鉴别碱性物质，但无法区分中性和酸性物质。

酚酞溶液遇碱呈红色

知识拓展 **什么是酚酞？**

酚酞是一种有机化合物，呈晶体粉末状，几乎不溶于水。酚酞的乙醇溶液在酸性和中性溶液中无色，在碱性溶液中呈红色。但是，酚酞在极强酸性溶液中为橙色，在极强碱性溶液中无色。

溴麝香草酚蓝溶液

一种酸碱指示剂。

将无色的溴麝香草酚蓝固体粉末溶于乙醇，就可以得到溴麝香草酚蓝溶液。如果向中性的溴麝香草酚蓝溶液中吹气，因为呼出的气体中的二氧化碳溶于水会形成酸性的碳酸，所以溶液变成黄色。

酸性　　碱性

甲基橙溶液

一种酸碱指示剂。

将0.1 g甲基橙溶于100 mL水中，溶液遇酸性呈红色，遇碱性呈黄色。

酸性

碱性

所有的酸都是酸味的吗

酸是溶于水中时能够电离出氢离子的物质。

大多数的酸是酸味的，但不是所有的酸都有酸味。代表性的酸有醋酸、盐酸、硝酸、硫酸等，一般都有酸味。雪碧、可乐等碳酸饮料里的碳酸虽然是酸，却没有酸味。酸可以与除了金、银、水银、铜以外的大多数金属发生反应，使金属溶化，并放出氢气。人体内的胃液中也含有稀盐酸，它有助于食物的消化。

酸度

酸度是指溶液的酸性程度。

酸度可以根据氢离子的浓度来判断。由于氢离子浓度数值较小，所以一般使用更简单易懂的氢离子浓度指数（pH）来表示：pH小于7，就呈酸性；pH等于7，就呈中性；pH大于7，就呈碱性。

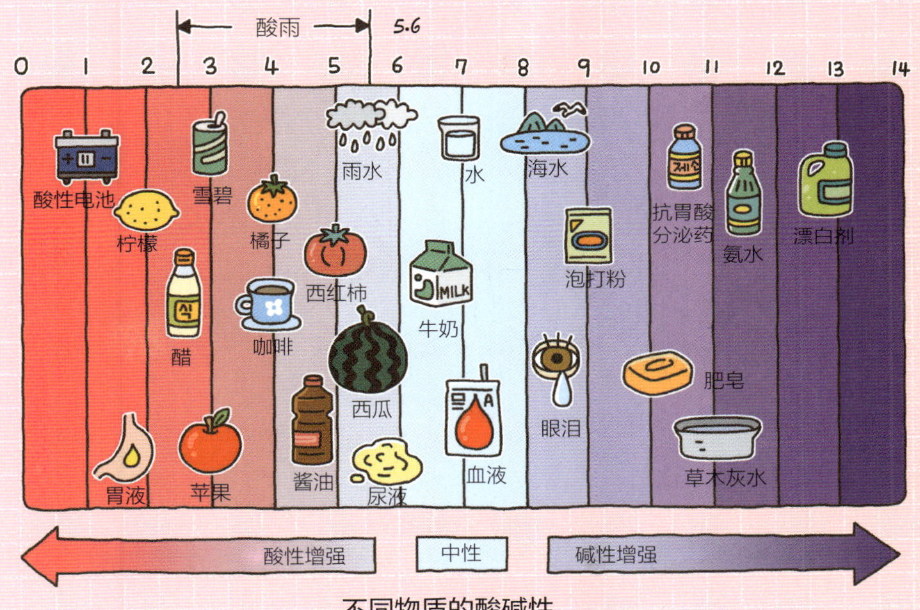

不同物质的酸碱性

酸性

酸性是酸的水溶液都拥有的化学性质。

如果溶液中的氢离子（H^+）比氢氧根离子（OH^-）多，那溶液就呈酸性。在用酸碱指示剂进行滴定时，酸性溶液遇溴麝香草酚蓝溶液呈黄色，遇甲基橙溶液呈红色，遇紫色石蕊溶液呈红色。

酸性食物

碱性食物

什么是碱

碱是指溶于水后会电离出氢氧根离子的物质。

氢氧化钠、氢氧化钾、氢氧化钡和氢氧化钙等都是碱。碱有苦味，触感黏稠。溶液中的氢氧根离子（OH^-）的数量多于氢离子（H^+）的数量，溶液就呈碱性。在碱性溶液中，滴入溴麝香草酚蓝指示剂，溶液显蓝色；滴入甲基橙指示剂，溶液显黄色；滴在红色石蕊试纸上，试纸显蓝色。

碱性物质

什么是中性

中性是指既不呈酸性又不呈碱性的中间性质。

中性就是指溶液中呈酸性的氢离子（H^+）和呈碱性的氢氧根离子（OH^-）的浓度相同。

酸碱性 / 颜色 / 酸碱指示剂	酸性	中性	碱性
溴麝香草酚蓝溶液	黄色	绿色	蓝色
甲基橙溶液	红色	橙色	黄色
酚酞溶液	无色	无色	红色

中性溶液的pH为7，将石蕊试纸浸入中性溶液中，试纸不会变色。

酸碱指示剂溴麝香草酚蓝溶液遇中性物质呈绿色，甲基橙溶液遇中性物质呈橙色，酚酞溶液遇中性物质无变化。

11 变化

什么是化学变化

化学变化是原来的物质变成其他物质的变化。

原来组成物质的原子之间的化学键断裂，经过重新排列后生成了新的物质，因此新物质不再具有原来的性质。物质的燃烧、铁的生锈、食物的消化都属于化学变化。发生化学变化的过程就叫作化学反应。

来看看化学电池

化学电池是化学反应产生的能量转化为电能的装置。

最早的化学电池是1799年意大利物理学家伏打发明的伏打电池。化学电池可以分为不能充电的一次电池（原电池）和可以重复充电的二次电池（蓄电池）两类。一次电池中的反应物质结束化学反应后电池就无法继续使用，如伏打电池、干电池等；而二次电池如果进行充电，反应物质会回到原始状态，这样电池就可以重复使用，如镉镍电池、铅酸蓄电池等。

中和反应

中和反应是酸碱性物质作用生成盐和水的反应。

酸性物质和碱性物质混合后，酸性的氢离子（H^+）和碱性的氢氧根离子（OH^-）发生反应结合成水（H_2O），余下的物质发生反应生成盐，如氯化钠、氯化铵等。

反应物质不同，生成的盐也不相同。

什么是沉淀反应

沉淀反应是溶液和溶液混合后产生沉淀物的反应。

液体中的固体小颗粒沉底的现象称为沉淀现象，沉底的颗粒物就叫沉淀物。通过沉淀反应可以知道溶液中含有什么物质，例如，银离子会与氯离子相结合，产生白色的氯化银沉淀。

自来水净水厂会在水里加入化学药剂使小颗粒杂质沉淀。

知识拓展　烧水壶里的水垢

自来水被加热的过程中，原来溶解在水中的碳酸氢钙和碳酸氢镁分解，变成了难溶解的沉淀物碳酸钙和氢氧化镁，也就是水垢。

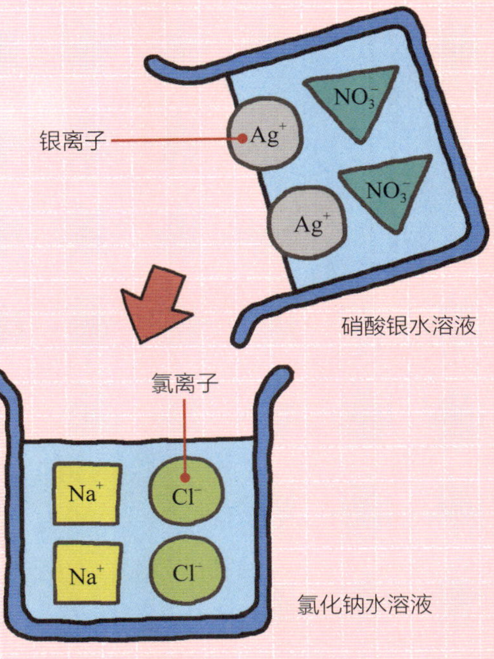

沉淀反应

来看看放热反应

放热反应是指释放热量的反应。

有的物质能量高，有的物质能量低，在化学反应中，如果反应物的总能量高于生成物的总能量，多出来的这部分能量就会被释放出来，这就是放热反应。

什么是糊化

和水混合的淀粉被加热后，会形成糊状的物质，这个过程就叫糊化。

将淀粉混合于水中并加热，达到60～70 ℃后，淀粉粒胀开，形成黏稠均匀的糊状，这个过程就叫作淀粉的糊化。

糊化后的淀粉更易消化，米饭、米粥、年糕都是利用淀粉的糊化而制作的。年糕一旦变凉，就会变硬，这是因为糊化的淀粉变凉后就会变回与加热之前相似的状态。

粥也是一种经过糊化的食物。

什么是热变性

热变性是蛋白质加热后结构发生改变的现象。

一般蛋白质加热后会变硬，不同蛋白质发生热变性的温度不同。

煎鸡蛋也是一种热变性现象。

氧化还原反应

氧化还原反应的实质是电子的转移。

用木炭还原氧化铜，生成了铜和二氧化碳。这个反应中，氧化铜失去氧，变成了单质铜，这种含氧化合物里的氧被夺去的反应，就是还原反应。

自然界中，大多数可以直接获取的矿物都与氧元素发生了结合，所以需要通过还原反应去除氧，得到纯净的物质。

物质与氧气发生的反应

索引

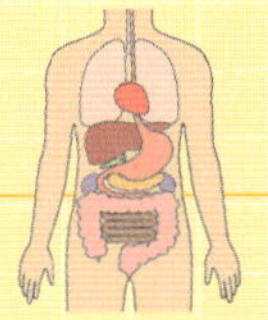